大人のための美容本

10年後も自分の顔を好きでいるために

神崎恵

Introduction

はじめに

40代に入ったとき、「なりたい自分」というものが
コトンと音をたてて変わった。と同時に、
「なりたかった自分」への変化のスタートをきってみようかなと
思えるタイミングがやっときた、とも感じた。

30代後半から、だんだんと自分の変化にあわせて、
ちょっとずつちょっとずつアップデートを重ねてきたけれど、
それがより鮮明になって、選ぶものも自分に施すものも変化した。

30代までは柔らかく甘いものが好きだった。
それはわかりやすく可愛くなることができたし、
自分の体や顔のディテールにしっくりときて扱いやすかったから。

小柄で丸いパーツのわたしの顔は、
加減さえ間違わなければ、
甘いチークやリップも、
柔らかいものも、似合いやすい。
失敗したくないという思いと、
素直に甘いものを見てときめく気持ち、
その両方を満たすことができた。
自分にピタリとくるものは、
まとったり身につけたりすることで
自信がもてたし、自分の立ち位置を
実感することができて安心した。
だから、「甘さ」や「可愛さ」に
疑問をもつことも、
重さを感じることもなかった。

Introduction

けれど30代後半、
それまで身につけていた「甘さ」に
今まで感じたことのない
「重さ」を感じるようになった。
ちょっとした違和感というか、
馴染みの悪さのようなもの。
それは、鏡の中の自分を見たときも、
まとったときの体の感覚も、
いろいろな角度から感じることだった。

「もっと軽く、もっとシンプルでありたい」
今までのわたしにはあまりない
感覚だったのに、その気持ちを
ことあるごとに覚えるようになった。

「シンプル」
それは、今まで自分がずっと避けてきたもの。
シンプルなものは本当に美しいひと、本当に自信のあるひと、
本物の何かを持っているひとにしか似合わないし、
着こなすことはできないものだと感じていたから。
そうではない自分が身につけたところでどうなる?
ただ「なにもない女」になるだけ。そう思って避けてきた。
そんなコンプレックスにも似た思いが、40歳になってさらりと消えた。
それが結婚をしたからなのか、
出産をしたからなのか、年齢的なものなのか。
もしかしたら、そのどれもが影響しているのかもしれない。

これまでは、自分に「たりないもの」を
メイクや服などの外側にまとうもので
補ってきたように思える。
けれど、その必要はもうない。
そんなことよりもずっと
軽やかさや自分らしさのほうが気持ちいい。
そのために、いらないものはすべて
削ぎ落としたい。そう感じはじめた。

年齢で肌は変わる。透明感は薄れ、たるみはじめる。
体のラインや質感が変わり、もたつきが出る。
似合うものが確実に変わってくる。

けれど「美しい」イコール「若さ」だけではない。
重みが出てくる表面に対して、心はぐっと軽やかになっていく。
このギャップこそが、「変化」のタイミングなのかもしれない。
加えることではなく、削ぎ落とすことで、
見た目も内面も清々しく心地いい女になれる。
自分の変化のサインを見逃さないこと。
これが大人の女には、なによりも重要なことではないかと思う。

いつのまにかイタい女にならないよう。
重い女にならないよう。40代からは清々しく、心地よく、
「可愛げ」を持ちつつ「凛々しい女」を目指したい。
そんなエイジングへの真っすぐな思いをこの本に詰め込んでいます。

FACE

CONTENTS

MAKE-UP

Chapter2 MAKE-UP

大人の女を楽しむメイク

CONTENTS

Chapter3 HAIR

髪で女の艶を守り抜く

Chapter4 BODY
柔らかな体を育てる

CONTENTS

BODY

CHAPTER 1

FACE

「今のキレイ」を守る方法

AGING AND BEAUTY
COME HAND IN HAND

年齢と共に
キレイは進化する

ちゃんと年をとりたい。

強がりでも、かっこつけてるわけでもなく、素直にそう思う。

女として生きていると、40代を迎えるあたりから、自分の「これから」というものを考えるようになる。40代はまだどうにでもなる年代。ごまかしながらも、なんとか女でいられる。でも、50歳は違う。50歳という区切りは特別で、女としてまだいけるのか、もう終わりに向かうのかが目に見えてわかってしまう年代だと思う。

だからこそ、ここで考えたい。

50歳を迎えるときに、自分はどうなっているだろう。どうなっていたいだろう。

雑誌でもテレビでも街中でも、自分より少し前を生きている女性たちを見ては、自分の理想と重ね、考える。

そこで見えてくるのは、美しさとは年齢と共にあるべきだということ。

そのままでも十分美しいのに、「若さ」に執着するあまり、醜さを育ててしまう美女たちをたくさん見てきた。シワが1本もない。シミが一つもない。笑っているはずなのに笑っていない。

そんなキレイが欲しい？

「キレイ」を踏み外しそうになると自分に問いかけてみる。

「キレイ」は、ときに女に取り憑く。「温かみ」や「生っぽさ」。そういう本当の美しさを見えなくさせる。

生きてきた気配を感じさせない顔ほど、冷たく、薄っぺらく、不気味なものはないと思う。

本当はみんな、「若く」ありたいわけではなく、「キレイ」でいたいだけなのに、女に聞こえるさまざまな雑音が、それを忘れさせてしまうことがある。

もちろん老いを一切感じさせない肌は美しいのかもしれない。

けれど、わたしは息子たちと目一杯過ごしてきたソバカスが好き。

ちょっとぼやけてきた顔も、やさしく見えていいかなと思う。

たくさん笑ってきたシワも愛しい。

若いままでいたいとは思わない。

ただ、キレイに年をとりたい。

豊かで温かい人生を歩んできたということが透けて見えるような、「年をとるほどにいい感じだよね」と自分でも思えるような顔。

「若いね」と言われたときの、あの違和感。

その言葉より「キレイだね」と言われたほうが、女はずっと嬉しい。

40代に入って変わってきた自分の顔に、今はそんな思いを重ねている。


ただし、顔の中でも強くエイジングを加速させるポイントがあるのも事実。

たとえば肌がハリを失っていくこと、顔の中の縦ジワ、目立つシミや肌表面のデコボコ、失われていく透明感。「思わず触りたくなるような質感」をできるだけ保てるように、ケアしていきたい。

この章は、「若さ」ではなく、「今の自分が一番キレイ」になれるようなケアのお話。

めざしたいのは、「ちゃんと生きている顔」でありながら、「今の一番キレイな顔」。

年を重ねていろいろ変わったりゆるんだりしながらも、いつまでもチャーミングでキレイな女でありたい。

40からの遅咲き女は得をする

A LATE BLOOMING WOMAN IN HER 40S IS A WINNER

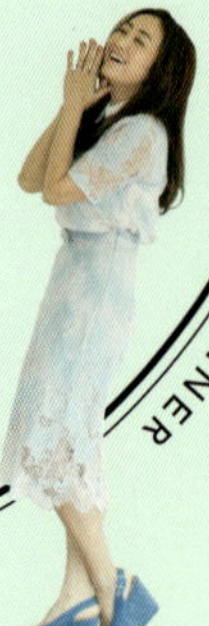

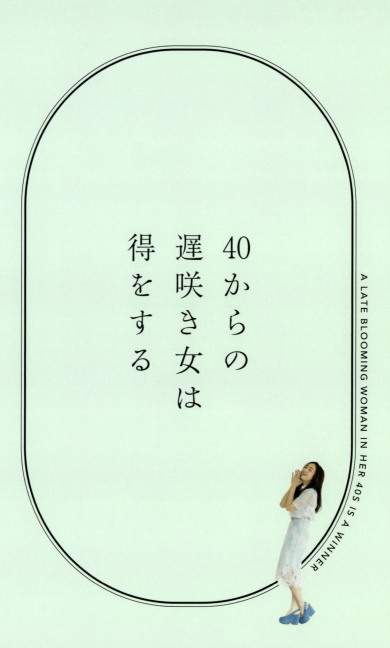

パーツの大きいドラマティックな顔に憧れてきた。目も鼻も口も小づくりであっさりとした自分の顔がつまらなくて、母に「もっとはっきりした顔に産んでくれたらよかったのに」なんてひどいことを言ったこともあった。

地味顔の利点なんてどこにあるんだろうと思ってきたけれど、40代に入り、今まで感じることができなかった「いいところ」が見え始めた。

それは、小さめパーツの顔は老けにくいということ。

大きい目は目の周りの皮膚に負担がかかり、クマやシワ、たるみができやすい。大きな唇の場合もシワやくすみ、しぼみ、たるみが目立つし、大きな目の中に見える白目のにごりや、まぶたのたるみも同様に、面積の広いパーツの老化は目立ちやすく、それが顔全体の印象に伝染する。顔のハリがなくなり、派手なパーツが浮き彫りになると、顔自体の印象にキツさが目立ってくることもある。

思い浮かべてほしいのは、永作博美さんや石田ゆり子さん、原田知世さんや南果歩さん。彼女たちはけっしてドラマティックなパーツではなくても、未だにキレイさが上昇しているのではないかと思うくらい可愛らしくて美しい。控えめな顔立ちだからこその「年の重ね方」が見える。

わたしのように、小づくりな上にパーツが丸い場合は、メイク時にパーツの丸さを倍増させないよう、横幅を出すように意識することで、甘さとエイジングのバランスがとれる。目元やチークを縦に伸ばすと、どうしても仕上がりが丸くなり、甘みが増してしまうため、若づくりの空気が出やすい。アイラインを引くときは目尻より少し長めに、眉もはっきり描いて横のラインを浮き立たせるように意識している。

逆に、ドラマティックなパーツのひとなら、角と線を強くしないようメイク。アイライン、眉、唇など、顔の横のラインを強調すると、エッジがたって強くなりすぎてしまうので、たとえばアイラインならパウダーなどの質感を使って、柔らかさを出したり、眉も濃く描きすぎないようにするといい。

大きなパーツほど、なる早でケアを始めるのが得策。エイジングサインを予想して気になるところを早めにケアすることで、自分の個性を生かしたエイジングは可能になる。

エイジングのサイン

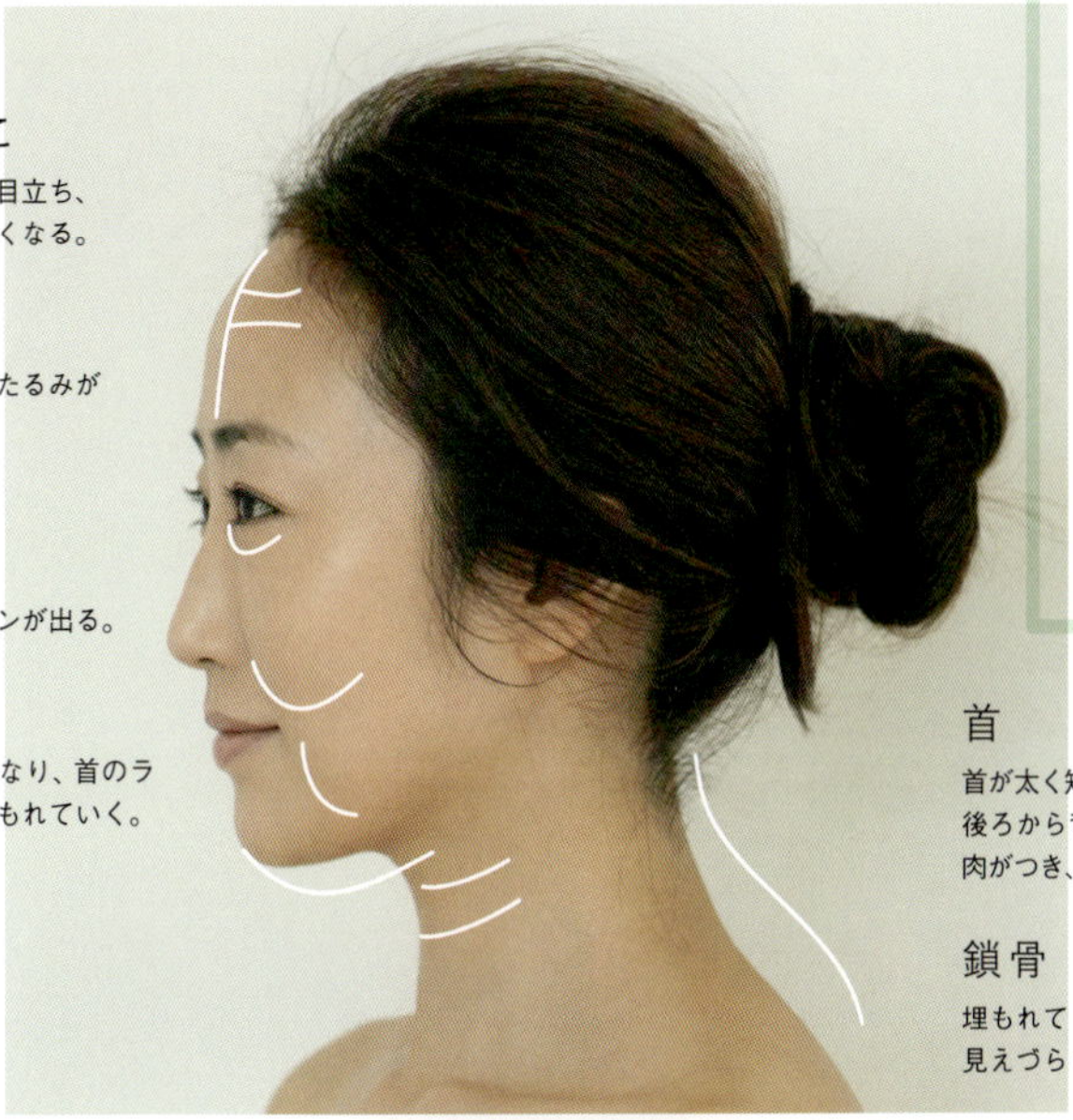

おでこ
横ジワが目立ち、
丸みがなくなる。

目
目の下のたるみが
目立つ。

頬
たるみで
頬にラインが出る。

顎
二重顎になり、首のラインが埋もれていく。

首
首が太く短くなり、首の後ろから背中にかけて肉がつき、段ができる。

鎖骨
埋もれて
見えづらくなる。

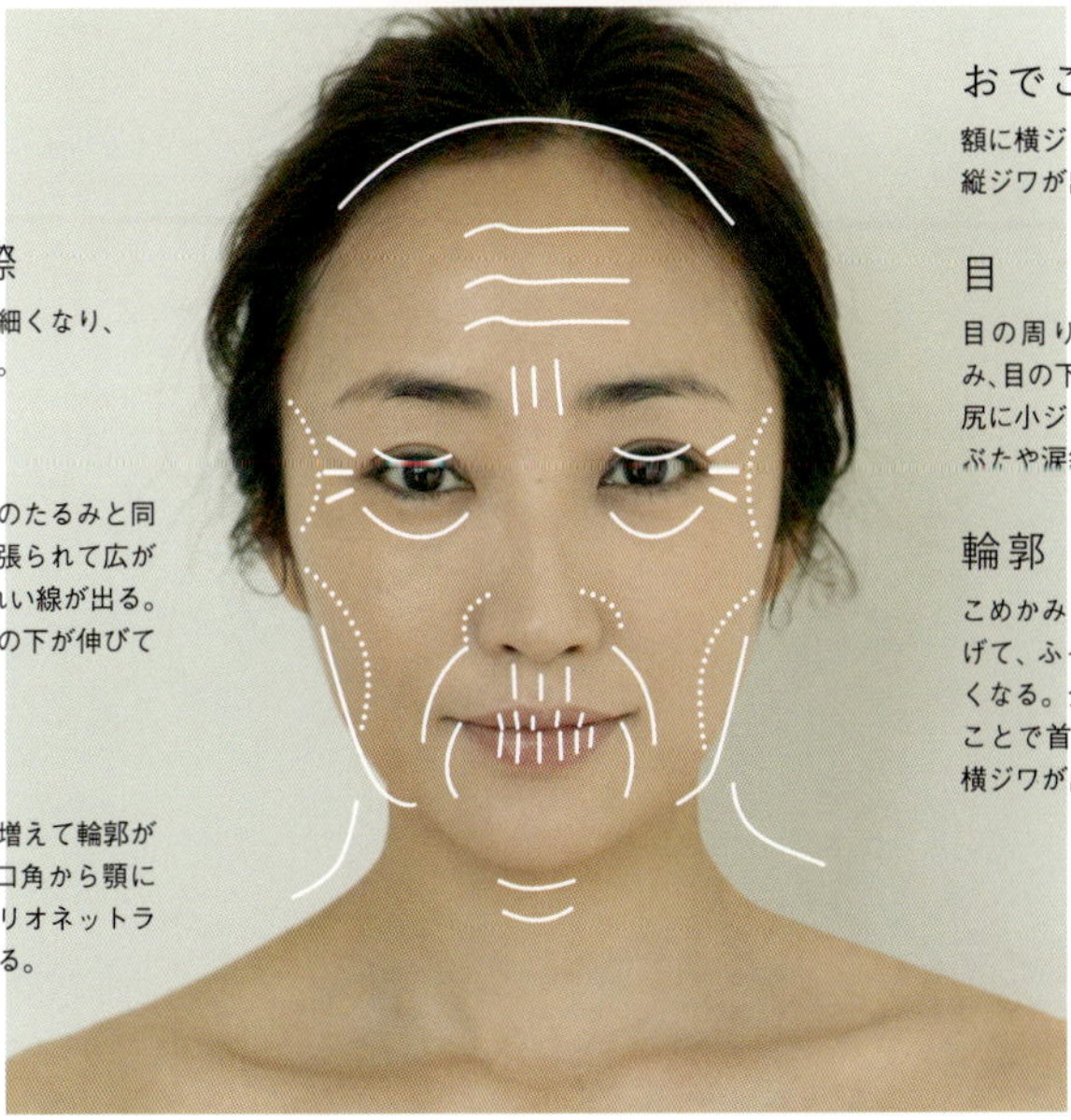

生え際
毛が薄く細くなり、
広くなる。

鼻
小鼻が頬のたるみと同時に引っ張られて広がり、ほうれい線が出る。同時に鼻の下が伸びてくる。

唇
縦ジワが増えて輪郭がしぼみ、口角から顎にかけてマリオネットラインが出る。

おでこ
額に横ジワ、眉間に
縦ジワが出てくる。

目
目の周りが落ちくぼみ、目の下にたるみ、目尻に小ジワが出る。まぶたや涙袋も垂れる。

輪郭
こめかみと頬の肉が削げて、ふっくら感がなくなる。全体にたるむことで首が短くなり、横ジワが出る。

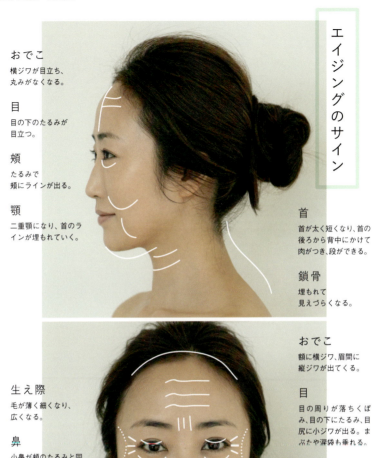

痩せない努力を始めよう

LET'S BEGIN THE "DON'T HAVE TO GET THINNER" EFFORT

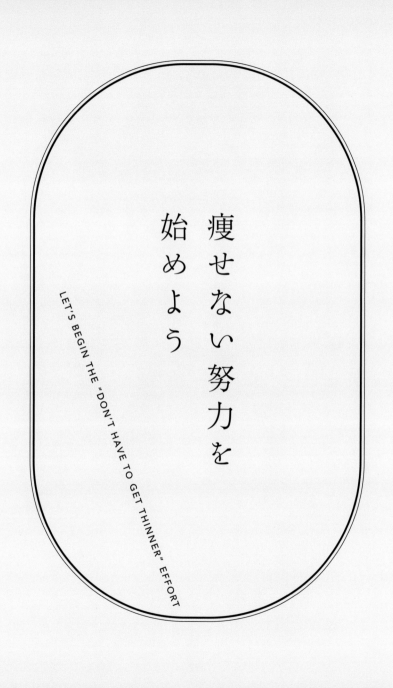

30代後半から、「これからは痩せない努力をしなければ」と思うようになった。女はいつだって「痩せたい」願望をもつ生き物。「痩せれば痩せただけキレイになれる」と思い込むワナにはまっているひとは、たくさんいる。

自分以外の痩せたひとを見て「痩せすぎだな」「シワシワで老けたな」「痩せないほうが可愛かったのに」とは思うくせに、自分のこととなると感覚が鈍ってしまう。

年齢を感じさせない女優やタレントを頭の中で並べてみると、その共通点は顔の「丸み」。頬とこめかみのあたり、そして目元や唇までもが、ちゃんとふっくらしている。

顔が痩せると老ける。丸みがもたらす可愛げや満たされた空気の代わりに、幸薄さと険がにじんで、寂しげな顔に見えてしまう。

年齢を重ねて急に痩せてしまうと、口角に不自然な縦ジワをつくる原因にもなってしまうから気をつけたい。この縦ジワには、どんなに整った顔のひとでも一瞬でエイジングを感じさせる威力がある。

女の特権であり、象徴でもある顔の丸みは、バストやヒップと同じように、できるだけ無理なく育て続けていきたい。

顔が痩せないためには、ダイエットや運動をしすぎないこと。たとえば女性アスリートは、引退するとたんに肌や顔に丸みが出て「女っぽく、キレイ」になる。ただし、丸みがたるみにつながるのもまた事実。たるみ防止のケアは、なるべく早くから始めたほうがいい。

脂肪が多く重みのある頬が垂れると、ぷくっとした愛らしい頬のふくらみが下へ流れて平坦になり、のっぺり痩《こ》けたような顔になってしまう。だから、ハリや弾力を与えてくれるような、エイジングコスメ（58〜59ページ）でケアをしたほうがいい。

日常生活では、仰向けで寝ることも大切。横向きで寝ると、頬の肉が片方に流れてしまう原因になる。タオルでゴシゴシ拭くことも、たるみやシワをつくる原因になるので厳禁。シャワーも上からかけるように流すと下向きに引っ張る力を加えてしまうので、できるだけ避けたい。

もちろん、日頃から口をへの字にするような不満顔でいないこと。姿勢が悪いひと、受け口になるクセがあるひとも、たるみを強化してしまうので注意。日常的に重心や表情筋を意識することも大切な予防。

また、最近美容界で密かなブームになっているのが「粘膜レーザー」。口腔内や目の下の粘膜に直接レーザーを照射するというもので、皮膚の外からのレーザーよりも肌のふくよかさやハリ、リフトアップに効果があるらしい。ほうれい線も薄くなるとか。

わたしはまだ試す勇気がないので、同じ場所を自分でマッサージしている（45ページ）けれど、続けるうちに薄くなってきているのを実感している。

体重に振り回されるのではなく、見た目で判断できる目が、大人の美容には絶対に必要だと感じている。

SCALPS AND SOME MASSAGES RESURRECTS THE FACE AND IT'S PARTS

顔のパーツを
生まれ変わらせるのは
頭皮とマッサージ

最近、顔がどんどん大きくなっているのを実感している。それも縦にのっぺりと長く。でもこれは、わたしだけの話ではなく、ひとつの老化現象。

久しぶりにテレビに映った女優さんの顔を見て、「なんだかこのひと顔が大きくなった？　というか、長くなった？」と感じたこともある。

顔はたるむと下へ下へと伸び、丸みがなくなることで縦のラインが際立ってくる。そして頭皮が凝り固まり、髪が細く薄くなることで、額の肌面積が広くなる。きわめつけは、顎が長くなること。体の重心がずれ、ねこ背になる。そうすると顔が肩にのるようになって首が短くなり、顎が前に出てくる。これは、ここ数年わたしが痛感していることのひとつ。数年前と比べて、確実に顎が長く、前に突き出し始めている。

「顎が前に出る」というだけで、バランスにこれほど影響するものなのかと驚く。全身のバランスでいうと20代の頃より1頭身分少なくなっているような印象。大げさではなく、顔の数センチというものは、それほど全身に影響する。年齢を重ねるほどに身長は縮むというのに、顔は大きくなるなんて。エイジングのステップは、どこまでも女に厳しい。

自分の顎事情を確かめたいときには、壁にかかと、お尻、背中、後頭部をぴたりとつけて、まっすぐ前を向いてみるといい。

このとき顎にもたつきや窮屈さを感じたり、「こんなに顎引くの?」と感じたなら、もう姿勢が崩れ、顎が前に出始めている証拠。顎を引いて正しい姿勢をキープするよう気をつけること。

そして、寝ぼけたパーツを起こして顔に立体感を取り戻すには、顔や頭皮のめぐりをよくしなければならない。

頭皮が固まると、髪はもちろん顔のめぐりも悪くなり、むくんで目が小さく見えたり、目元がくすんだりと悪循環が進んでしまう。

シャンプー時にシャンプーブラシを使ったり、マッサージを日課にして、頭皮をできるだけ柔らかく保つことが大切。髪の生え際から頭頂部に向かって、両手の握り拳でぐりぐりと押していくと、疲れているときほど強い痛みを感じるけれど、そのぶん、めぐりも感じられる。頭頂部を中指と薬指でぐーっと押したり、両手を組んで頭のてっぺんに置き、そのまま両手の平で押すのも有効。頭蓋骨はいくつかのパーツが組み合わさって形づくられているので、そのパーツの継ぎ目をほぐしてあげると、頭皮が柔らかくなりやすい。力が入りにくいというひとは、テニスボールでグリグリしてもOK。メイク前に行うとリフトアップされ、目がパッチリ開くなどの効果も実感する。

1日の終わりにはホットタオルやホットピローで頭皮を温めるというのも効果大。わたしは入浴時に温かいタオルで包んで「ホットマスク」をしたり、冬の外出には帽子などで、頭皮を冷やさないようにしている。

顔のパーツをはっきりさせるマッサージは、首、デコルテ、肩、二の腕、鎖骨までほぐすほうがめぐりの改善を実感しやすいので、セットで行うのがオススメ。肌に摩擦を与えないよう、クリームやオイルをたっぷりのせてから行う。

最初に胸筋や鎖骨の上下を親指で脇まで流してから、顎から耳にかけて、グーで強くローラーをかけるように押し流してフェイスラインを掘り起こす。次に頬骨を親指で10秒間押し上げたら、耳の後ろから鎖骨までの太い筋肉をグーで強めに押し流す。

脇の下は強くつかんで手前から奥へかたまりを押し流し、最後に肩まわりをほぐすよう、円を描きながら下に向かって流して終了。

1日のスキンケアに入れることプラス、気づいたときにやることが大切なので、美容関係のひととの打ち合わせは、常に誰かがどこかしらのマッサージをしているくらい。

でも、日々の積み重ねがこれからの顔をつくるなら、やらない手はないと思う。同様にスキンケアのときも、デコルテまでが顔だと思ってケアすること。化粧水を塗ったらそのままデコルテまで。そして、さらに手に残った分を肘へ。そのまま手の甲まで伸ばす。美容液も乳液もクリームも同じように塗ることで、顔から首、デコルテまでの肌の質感と、人目につきやすい腕の質感が均一になっていく。

大人の肌は、ケアの差や日焼けの影響で、パーツごとの質感がバラバラになってしまう。いくら顔に透明感を出しても、首や腕の質感が違っていたら、エイジングを感じさせてしまうので、目につきやすいところは顔と一緒にケアをするほうがいい。美容はトータルで考えることが大切。

顔のパーツを甦らせるマッサージ

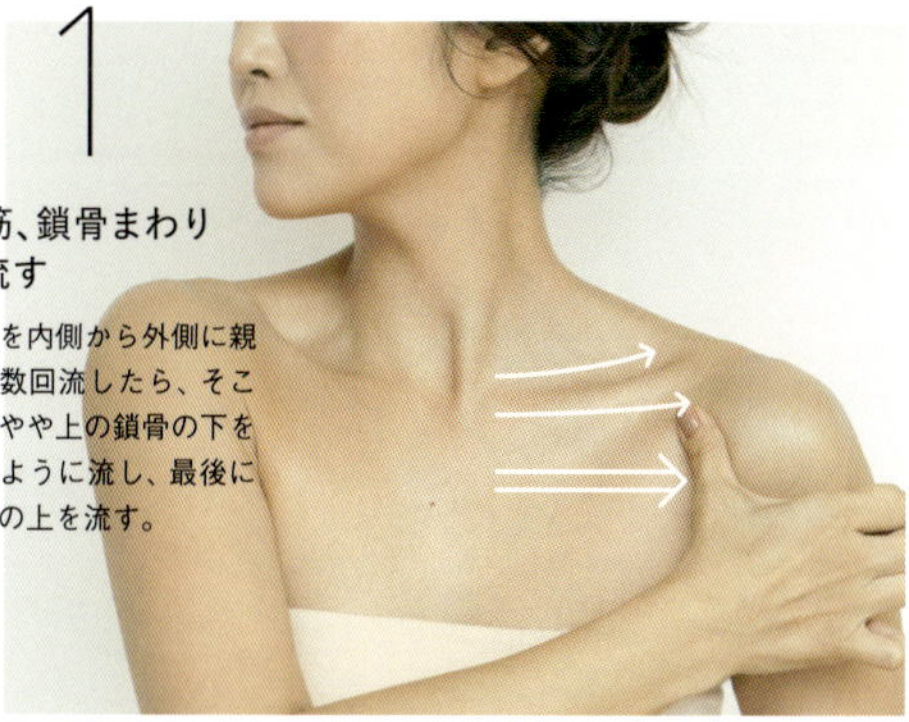

1 胸筋、鎖骨まわりを流す

胸筋を内側から外側に親指で数回流したら、そこよりやや上の鎖骨の下を同じように流し、最後に鎖骨の上を流す。

2 フェイスラインを掘り起こす

強めの力で顎から耳までのラインを上下に流す。

3 頬骨を持ち上げる

親指を頬骨の下に入れ、差し込んで上に上げるようにしっかりと押す。10秒間押し上げたら、指の第2関節を使って、耳の後ろから首まで、矢印の場所を強い力で押し流す。

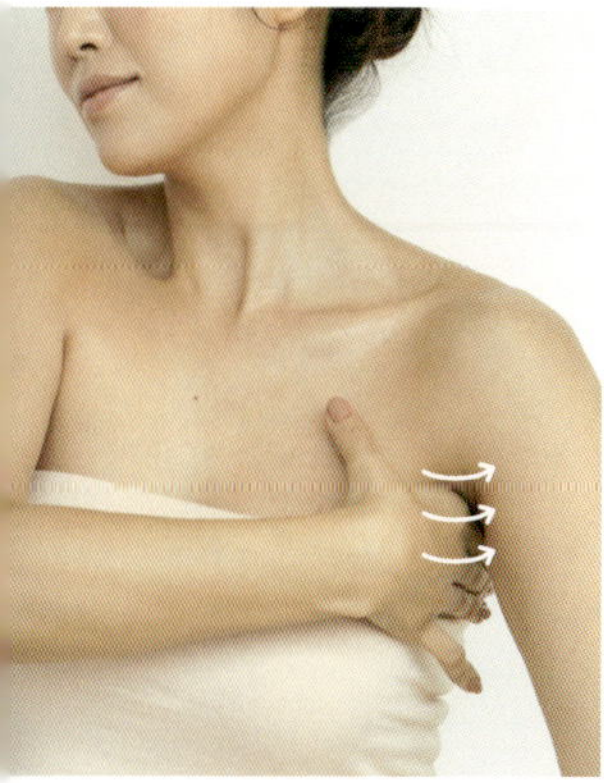

4 脇の下を流す

脇の下に指3本を入れて、固くなっているところを力を入れてもみほぐす。奥に向かって指を動かすようにしながら押し流す。

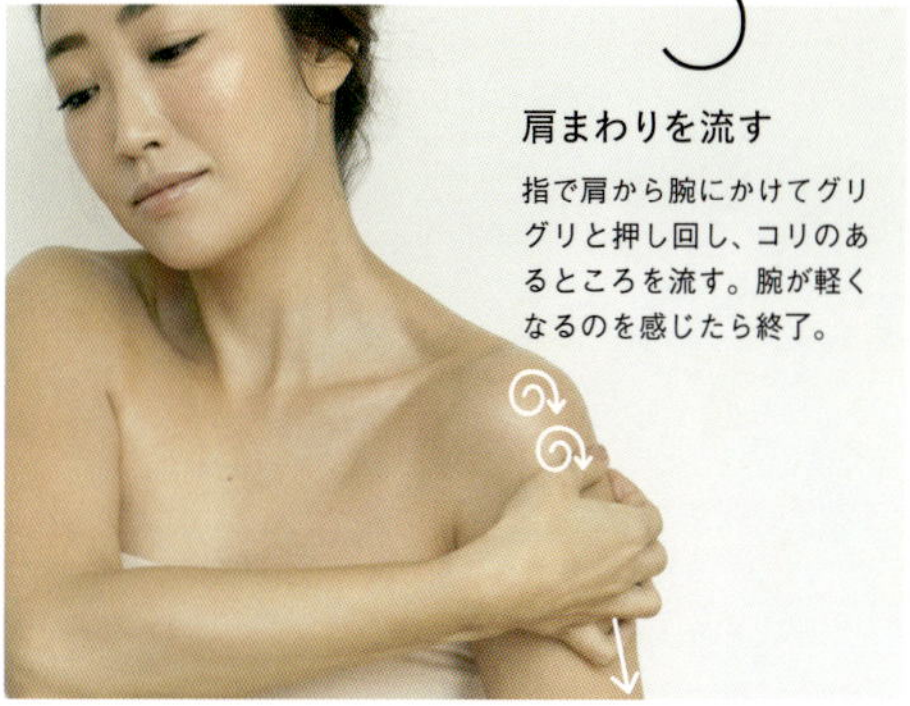

5 肩まわりを流す

指で肩から腕にかけてグリグリと押し回し、コリのあるところを流す。腕が軽くなるのを感じたら終了。

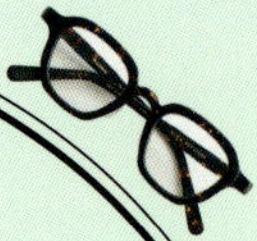

GLASSES AS COSMETICS

メガネという美容

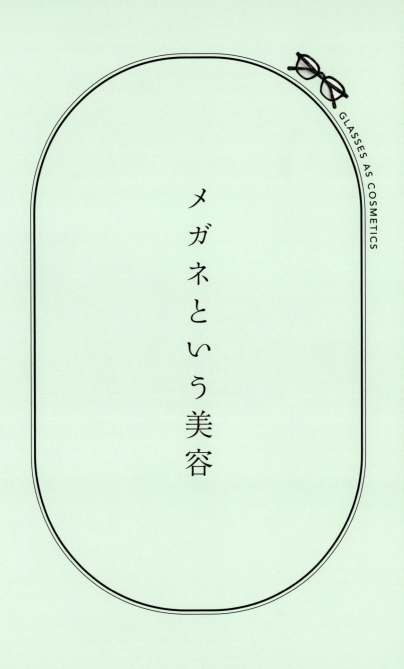

「なんだか目が小さくなったかも」と思うなら、それは「気のせい」ではなく「事実」。

「20代から比べると、目は15年で平均20パーセント縮小する」（SK-Ⅱ）などというデータもあるくらい。

42歳になるわたしも27歳の頃の目の印象と比べると、かなり鮮明にそれが事実だと納得できる。日々感じていた「なんだか目が……」という違和感の答え合わせができて、清々しい気持ちになったほど。

そのおかげか、最近今までにも増してメガネが楽しい。

わたしが愛用するのは、べっ甲の細フレームと太めの黒ぶちフレームのものがほとんどだけれど、どちらも目に深みを出し、なおかつ輪郭をキュッと引き締めて、ちょっぴり知的な雰囲気を出してくれる。

大人になるほどに増えてくる「メイクをしてもちょっと決まらない日」や、「いつもよりちょっとむくんだ顔」を、ただメガネをかけるというワンプロセスで「いい具合」に調整してくれる。ほんわりパーツがボケてやさしくなった素顔も、これひとつで「あえての素顔」みたいにシャレて見せてくれるから頼もしい。

やさしく女らしく見せたい日、肌がくすんでいる日や目元を柔らかく見せたい日には、べっ甲タイプ。

凛とした印象やこなれた雰囲気が欲しいとき、顔や目がむくんだときは、黒フレーム。使い分けることで、顔の印象も目の印象も面白いほど変わる。

目が小さく見える主な原因は、目の周りの皮膚のハリがなくなること。年齢による肌の弾力と筋力の低下、目の下とまぶたの脂肪のたるみに加え、紫外線、乾燥、ストレス、女性ホルモンの低下、喫煙、生活の乱れ、摩擦など、さまざまな要因が日常生活のなかに潜んでいる。

毎日コンタクトレンズの着脱をしている場合、目の周りの皮膚を引っ張ってしまうかもしれないし、しっかりアイメイクが好きなひとの場合はクレンジングでゴシゴシと摩擦を与えているかもしれない。それだけでも目元への負担は確実に大きくなる。

そのダメージの影響をゆるやかにして美しい目を維持するには、まず「紫外線」から目元をやさしく守ること。夏冬関係なく繊細な目元をしっかりと守るためには、紫外線やブルーライト対応のメガネが必須。

必要以上のクレンジングや洗顔も乾燥を招くので、デイリーなメイクなら、ぬるま湯で落ちるマスカラやアイライナーを選ぶことで、摩擦によるダメージを与えない選択もできる。

ケアでは、「アイクリーム」はなるべく早くから使い始めたい。いい状態のときから正しいケアを始め、日常で目を酷使しないように気をつけると、「今の状態」を長くキープすることができる。「もっと早くからアイクリームを使っておけばよかった」。これは、美容において、わたしのやっておけばよかったことの最上位にくる後悔。

目元がたるんでくすんでくると、顔の「印象年齢」に大きく響く。目は、誰もが必ず見る場所であり、感情を表す場所。よく動くだけに、シワや乾燥も招きやすい。だからこそ、メガネの力を借りつつも、丁寧なケアを続けていきたい。

黒ぶちメガネでパーツに深みを

べっ甲メガネでまろやかな空気を出す

10年後、20年後の目は〝今〟が大切

使うほどに
目がハッキリするのを実感

瞳の輝きまで戻ってくるようなアイクリーム。R.N.A.パワー アイ クリーム ラディカル ニュー エイジ 15g ¥11,000／SK-Ⅱ

思いきり笑えるのは
このクリームのおかげ！

たるんだまぶたを引き上げてくれる。エピステーム アイパーフェクトショット 18g ¥11,000／ロート製薬

女を7倍老けさせる縦ジワ

VERTICAL LINES MAKES YOU LOOK 7TIMES OLDER

たった2本の線があるだけで、プラス7歳は老けて見えるほうれい線。

眉間や唇、ほうれい線、マリオネットライン……顔の中の縦ジワは、横ジワよりずっと老けた印象をつくる。なかでもほうれい線は、長さといい、深さといい、位置といい、かなりの存在感。

ほうれい線の原因は、ハリの低下。肌のハリが低下しているところに、肩や首のコリなど、体の血行やリンパの流れが滞ることでむくみが生じ、さらにほうれい線ができるのを加速させる。ほうれい線ができると、頬の重みでマリオネットラインができ、続いて二重顎ができあがる。こうして、エイジングの連鎖が止まらなくなってしまう。

わたしも最近、より深くなってきたほうれい線が悩ましい。

寝不足や辛いもの、塩分やアルコールをとりすぎた次の日には、より深い溝ができている。そんな日はもちろん、調子のいい日の数倍、老けた顔になる。

とくに気になるのは、右より左の線のほうが深いこと。それは、寝るときに左を下にして寝るクセがあるため、寝ている間中ずっと顔全体の重みがかかるから。毎晩自らほうれい線を寝押ししてクセづけしているようなもの。

寝るときのクセ、噛みグセ、頬杖をつくクセなど、あまり深く考えないでしてしまう行為だけれど、そうした日頃のクセは、元に戻る弾力をなくした大人の肌には致命的。ふとしたクセの積み重ねで、自分の顔ができてしまう。

ほうれい線ができやすくなる習慣としては、次のようなものが挙げられる。

・ねこ背やうつむき加減でいるなど、姿勢が悪い
・保湿やUV対策を日常的にしていない
・決まって片方の向きで寝ていたり、決まった側だけで物を噛むクセがある
・目を酷使する仕事をしている
・肩コリ、首コリがある
・頭皮が動かない

できてしまった深い溝にヒアルロン酸を注入するケースもたくさん聞くけれど、ヒアルロン酸の重みでさらにたるみが増したり、輪郭が下がって四角いフェイスラインになってしまったり、顔の中に余白が増えて顔が大きく見えたりするケースもあるので、わたしは考えていない。

一方、最近美容界のストイックな賢者たちの中でよく聞くのは、「糸」を使う治

療。肌の中に突起のある糸を数本挿入して細胞を刺激することで、コラーゲンとエラスチンが増えて肌が引き締まり、確実なリフトアップができるうえ、ハリを再生して小顔に仕上げるというもの。

わたしもあと10年、20年してもっと目立ってきたら考えるかもしれないけど、今のところはまだまだセルフケアでいきたい。

ほうれい線のケアには、顔の筋肉をほぐしてあげるのが有効なので、顔の表面だけでなく口腔内からのマッサージがいい。

わたしがやっているのは、歯を磨くときに、歯ブラシのヘッドの裏側のつるんとしている部分を、ほうれい線の内側にあたる口腔内の粘膜に押し当て、縦にえぐるようにマッサージをするというもの。

痛気持ちいいくらいの強さで片頬につき3カ所、5回ずつ口腔内を刺激することで、表皮にも働きかけることができる。その後、親指を口の中に入れ、ひとさし指と中指で頬の肉を挟むようにして線に沿ってマッサージ。歯磨きのついでにできるので、毎日続けてこれ以上深くならないようにしたい。

ほうれい線を薄くする口腔マッサージ

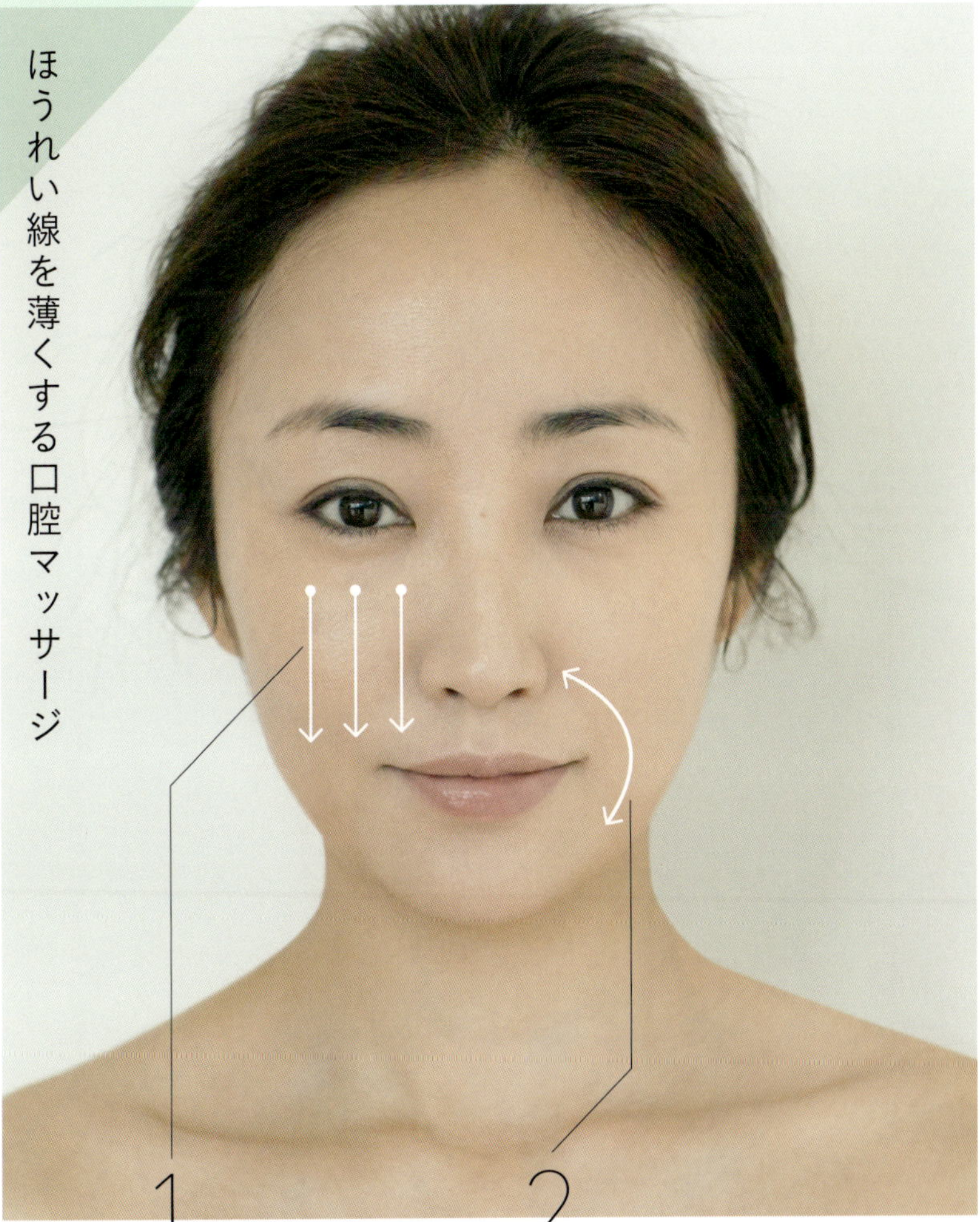

1

歯ブラシのヘッドの裏側を使って、
線に沿って上から下まで3カ所5回ずつ
前にえぐるようにマッサージする。
最初は痛いけれど、
ほぐれてくると痛みがやわらぐので、
各5回ずつは続ける。

2

親指を口に入れ、ひとさし指と中指で
頬の肉を挟んで、ほうれい線に沿って
上下に動かす。
毎日続けることでだんだん顔のコリが
ほぐれて、ほうれい線が薄くなっていく。

顔に立体感を出すクマがある

DARK CIRCLES THAT MAKES YOUR FACE SOLID AND IMPRESSIVE

ビューティの講座をしていると「クマが悩み」という声がとても多い。

確かに深いクマはカバーしたほうがいいけれど、無理に隠さなくてもいいクマもある。クマには、「老け見えするクマ」と「美人見えするクマ」があるのを知っておきたい。

「老け見えするクマ」というのは、目の下がたるみで凹み、段ができてしまっているものや、色が濃すぎるもの。また、クマ部分にシミができたり、小ジワができてしまっているもの。これはコンシーラーでカバーするとともに、アイクリームでケアをしたり、うっ血が改善できるよう、体の中からのアプローチが必要。

そして、ドライアイも深刻。ドライアイのひとは、まぶたの筋力が落ちてきちんとまばたきをしていないから、ますます目が乾く。上まぶたが下まぶたにしっかり触れるまで意識して目をつぶるようにするといい。瞳の乾燥を防ぐことは、目の疲労を防ぎ、うっ血からくるクマを防ぐことにもなる。

これをしばらく続けても改善しなければ、場合によってはクリニックでの施術をおすすめするケースもある。

一方、「美人クマ」というのは、うっすらとできているクマ。たるみや肌の凹凸のないもので、実はこれ、赤ちゃんや子どもにもうっすらある。

このクマは目を大きく見せ、顔の立体感を助け、ほんのりと色気を出してくれる。女優やモデルをしている友人たちの顔にもうっすらとしたクマがある。それが目の大きさを際立たせたり、血色が透けることで可憐な透明感を出して、顔に奥行きを出し、美人度をアップさせている。

プロのヘアメイクもこのクマは少し残すのが主流。顔に立体感が出るし、ニュアンスが出ることで、お人形さんのような冷たい顔にならない。

顔はすべてのパーツが完璧だと、ちょっと怖くなる。だから、鏡を近くで持って、一つのパーツをじっくり見て仕上げるのではなく、全体を見ながらメイクしたほうがいい。

クマが許せないからといって、完璧に隠しては損。ネガティブなものも、活かし方によっては魅力に変わることがある。

そんな「生きているニュアンス」を使いこなせたら、「温かみのある大人の女」になれると思う。

キレイなクマの隠し方

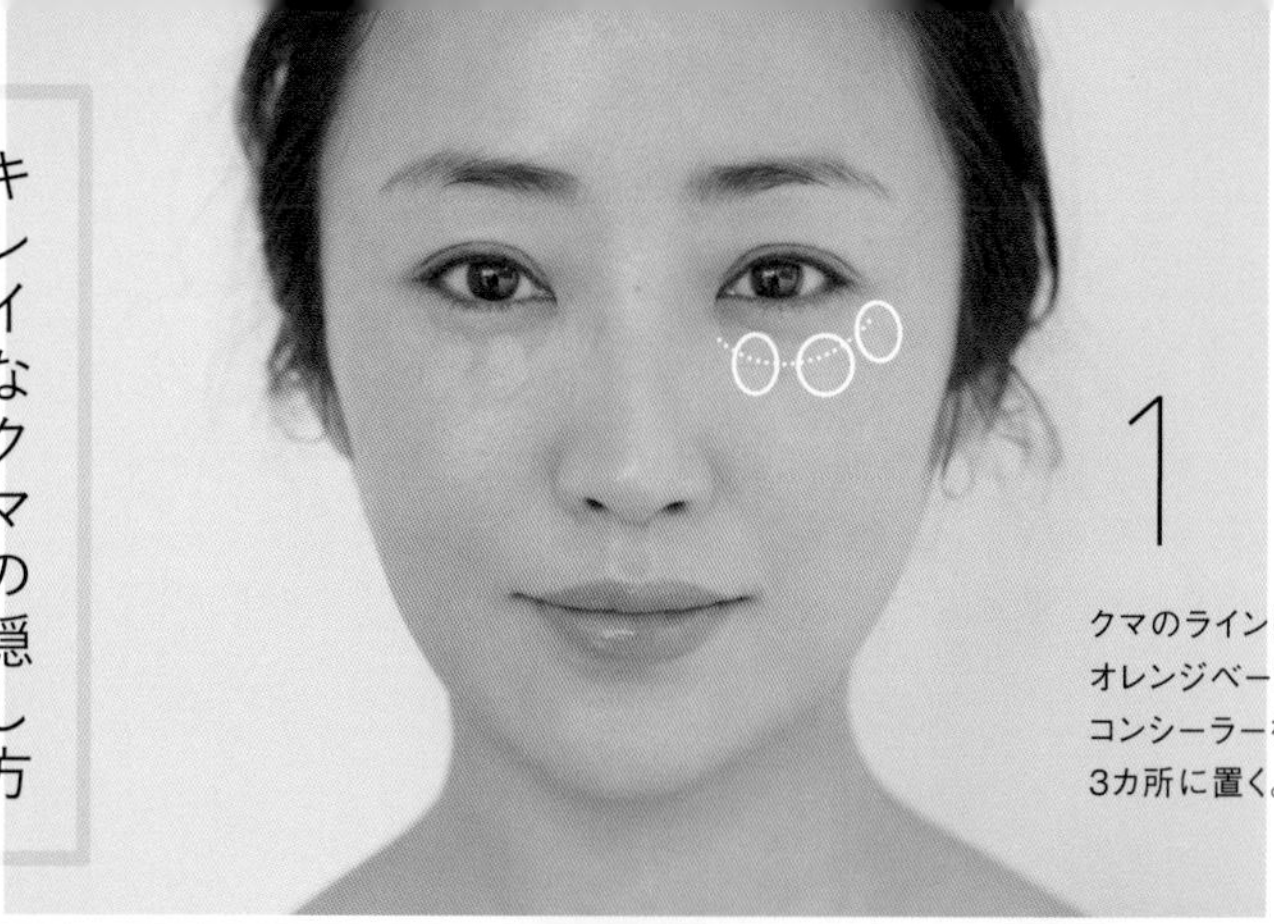

1

クマのラインに沿って、
オレンジベージュの
コンシーラーを
3カ所に置く。

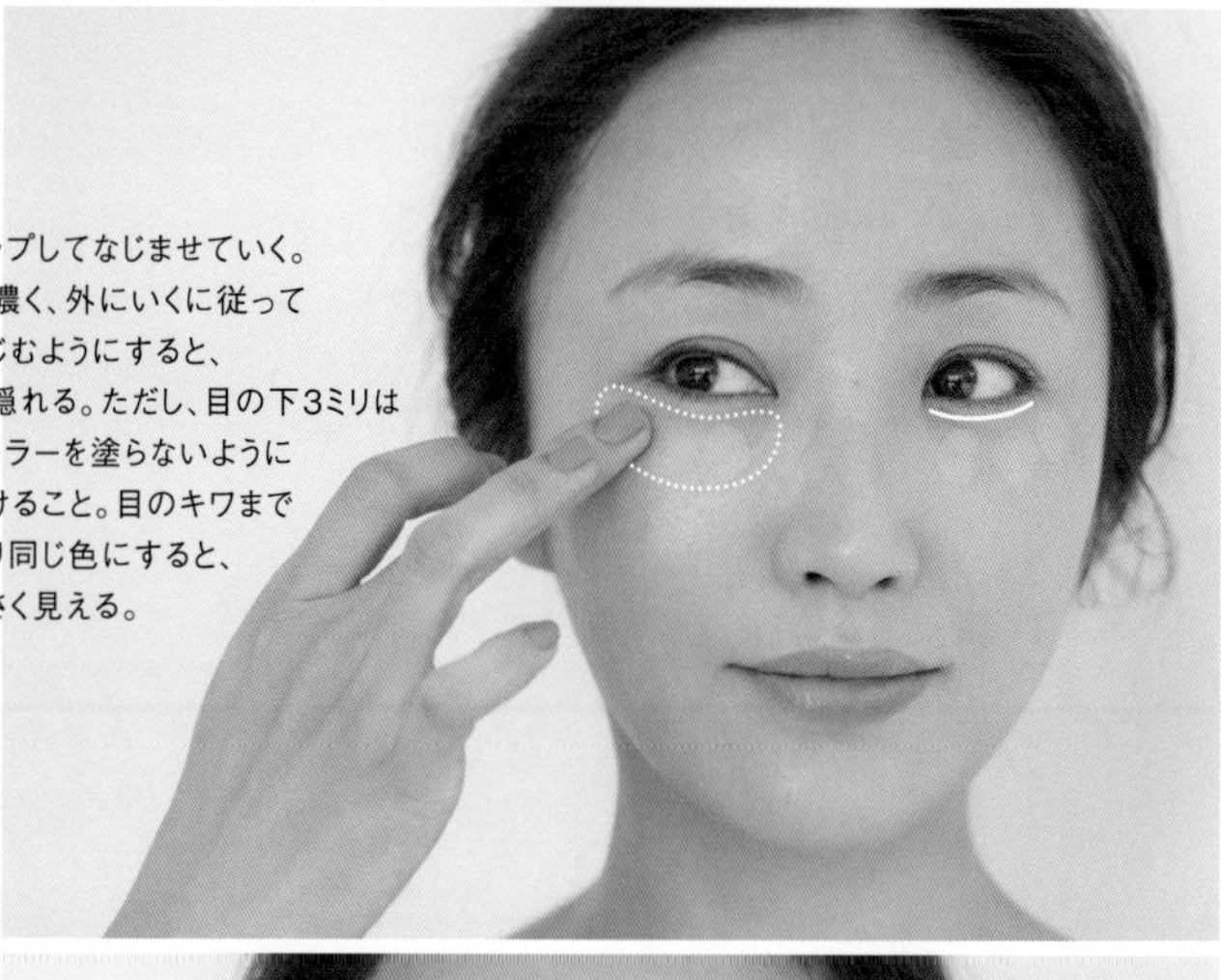

2

指でタップしてなじませていく。
中心は濃く、外にいくに従って
肌になじむようにすると、
自然に隠れる。ただし、目の下3ミリは
コンシーラーを塗らないように
気をつけること。目のキワまで
のっぺり同じ色にすると、
目が小さく見える。

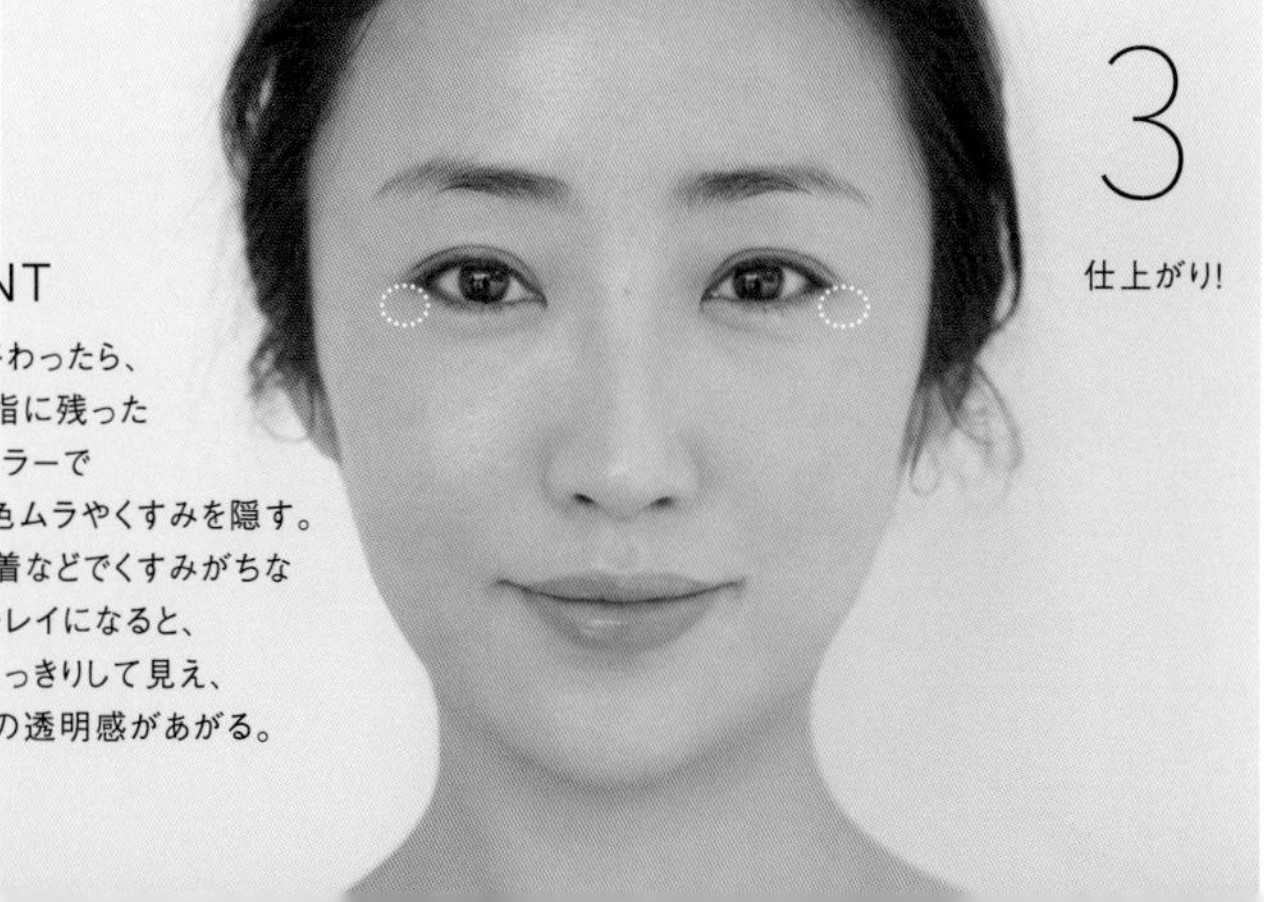

3

仕上がり!

POINT

ボカし終わったら、
最後に指に残った
コンシーラーで
目尻の色ムラやくすみを隠す。
色素沈着などでくすみがちな
ココがキレイになると、
目元がくっきりして見え、
顔全体の透明感があがる。

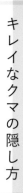

女を老婆化させる「肝斑」は本気で撃退

GET RID OF THAT CHLOASMA AND KEEP THEM OUT

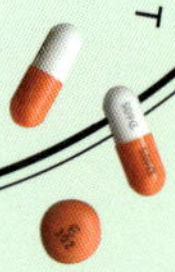

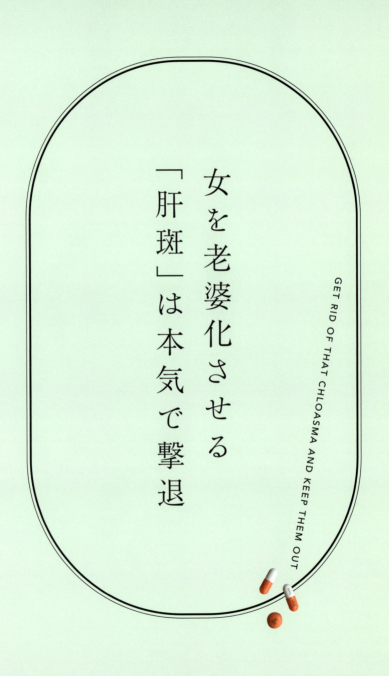

わたしたちは、生まれたときから紫外線貯金をしている。だから、皮下には「シミ予備軍」が、目に見えるものの何倍も潜んでいると言われている。晴れていない日でも常にケアしていないと、シミとその予備軍をせっせとつくることになる。大人は黒くなりやすい。それが毎年さめきることなく上書きされるのを繰り返すから、だんだんと自分の「標準色」が変わっていく。もともと日焼けしやすいわたしの場合は、ファンデーションの色を1段暗く、透明感を引き出すためのコントロールカラーや下地での調整も、年々必要なプロセスになってきている。

体には、1年前の夏の跡がうっすらと残るようになった。同年代のライターや編集仲間が集まると、消えきらないで残っている1年前の水着やタンクトップやサンダルの跡が、「消えなくなったよねー」という話になる。美容に精通した女たちでさえ、なかなか消し去ることが困難になるという事実。

そのうえ肌は、浅黒さと共に黄ばみを増してきたように感じる。たったそれだけのことなのに、確実に女の輝きが失われる。

もちろん、夏を満喫した時間が見えるようなソバカスや、ちょんちょんと点在する小さなシミは、人間味があってチャーミングだなと感じるし、楽しんで生きてきた証みたいなシミはあってもいいと思っている。

けれど、「絶対にないほうがいいシミ」というものもある。

それは、あるだけで「老け見え」する目元や頬の大きくて濃いシミや肝斑、そして盛り上がっているイボみたいなシミ。

こういう目立つシミは、女の顔を急激に老けさせるだけではなく、「生活に疲れた印象」にし、清潔感を削いでしまう。全体的に肌がにごって見えるため、なんだか性格まで暗く見えてしまう気がする。

わたしも40代に入ってから、肝斑と濃く広いシミのケアを始めた。

肝斑は30代後半から始まっていたようで、産後だんだんと濃くなってきたシミが気になりクリニックを受診したところ、「肝斑」だと診断された。

シミにアプローチするレーザーは肝斑には効かないので、内服薬が一番。肝斑の原因は女性ホルモンの減少だと言われているので、じっくり付き合うしかない。

肝斑は、頬骨に沿ってほぼ左右対称に出るうえ、普通のシミのように「点」ではなく「面」で出てくる。面で出るモヤモヤは肌のにごりにつながるので、きちんとケアしたい。

わたしは現在、「肝斑用のレーザー」と、内服薬とを併用。飲み続けることで、少しずつでも薄くなることが実感できるし、保険が利くのも嬉しい。「トランシーノII」という肝斑用内服薬も市販されているので、30代半ばから頬骨あたりにモヤッとしたシミが出てきたら、試してみるのもいいと思う。

その他のシミには、美白美容液を毎日のケアに投入。日中のUVカットのメガネはもちろん、飲む日焼け止めサプリ「the White Shield」も併せて使用することに。これは、1回飲むと体内で6時間は紫外線の吸収を防いでくれると評判の優れもの。夏のアウトドアには欠かせない。

それでも薄くならないシミは、クリニックでレーザー治療を受診することを決めた。焼けやすいわたしの肌は、子どもたちと遊んで真っ黒になっていることが多く、どうしようもないときには、取り入れようと思っている。

とはいえ、レーザー治療後の肌に紫外線を浴びるとシミを増やすことになるし、レーザー治療は肌の黒いところに反応するので、日焼けしていると効果が薄くなる。そのため、10月〜4月がオンシーズン。レーザーを顔に照射すると、4日〜5日かけてシミが浮き上がってきて、だんだん黒く濃くなり、最後はポロリと落ちる。ただ、1回では消えきらない場合が多いので、数回施術を受けなくてはならない。しばらくは撮影ができないほどシミが目立ってしまうことになるので、時期をみながらのスペシャルケアとして付き合っていきたい。

同じ国内でも都市によってファンデーションの標準色が違うほど、日照時間と肌の色の関係は深い。たった数時間で女の肌を変えるのが紫外線。いつまでも「澄んだ女」でいることができるよう、透明感は守り抜きたい。

シミの治療には、「松倉HEBE DAIKANYAMA」や「青山ヒフ科クリニック」、「アヴェニュー表参道クリニック」のアキュチップやライムライトがおすすめ。肝斑は要相談なので、自分にあった治療法を見つけてほしい。

時間とお金をかけても簡単には消し切れないシミは、日頃の予防と美白アイテムを使ってのケアが何より大事。

美肌ゾーンの透明感を守り抜く

PROTECT THE PURITY OF YOUR BEAUTY ZONE

肌の印象をアップするには、「美肌ゾーン」の強化が一番。

「美肌ゾーン」とは、目の下から頬にかけての頬の逆三角ゾーン。ひとが顔の美醜を判断したり、印象を決めている場所。この部分がキレイだと、鏡を見たときにも自分でキレイだと感じることができるし、まだまだキレイになれる「自分への可能性」を感じることができる。

若くても肌がキレイに見えないひとがいたら、たいていここのザラつきや、くすみの放置が原因。若くても全体の印象が左右される部分だからこそ、大人の肌はこのゾーンのケアを最優先するべき。

美しい肌には透明感が必須。すべてのスキンケアコスメは、「透明感を出す」ことを目的につくられているといっても過言ではないほど。

発光しているような透明感さえ出せれば、シワやシミがあってもキレイに見える。わたしたちは、「若さ信仰」ではなく「透明感信仰」をすべきだと思う。

この透明感を育てるには角質ケアが有効。ただし、角質ケアの後にはたっぷりと保湿すること。肌密度を高め、もっちり濃密な肌になれる美容液やクリームを投入するのが角質ケア後の鉄則。

大人の肌には水分と同じくらい油分も大切。20代の頃は肌タイプや好みによってアイテムを選んだけれど、大人の肌にはできるだけテクスチャーのリッチなものを選ぶことが大切。

本当は油分の多いゾーンと乾きやすいゾーンでアイテムを使い分けられるとベストかもしれないけれど、一つのアイテムでも量を調節すれば大丈夫。たとえば夏なら、Tゾーンには少量しか塗らないという選択もできる。わたしも一つのアイテムの量を調節して使うことが多い。

クリーム類のベタつきを嫌って軽いものをサラッとしか塗らないひとは要注意。スキンケアをして15分で肌がサラサラしてきたら、足りていない証拠。大人は30分たってもペッタリしているほうがいい。

理想は二の腕の内側。これが本来の自分の肌。比べると、他の部分の肌がずいぶんにごり、硬く、キメが粗くなってきてしまっていることがわかる。

せめて美肌ゾーンは、これぐらいふっくら透明で、なめらかな肌を目指したい。

Items _ 大人のスキンケア・アイテム

たった3滴で
肌がもっちり

肌密度を高めてくれる。リニュートリィブ UL フローラリクシール™ デュウ ウォーター 75ml ¥16,000／エスティ ローダー

毎日これだけは
欠かさない！

シワを改善するとうたえる唯一のコスメ。医薬部外品。リンクルショット メディカル セラム 20g ¥15,000／ポーラ

どんなときも肌を
つやめかせてくれる

ビタミンCでくすみや毛穴の開きまで回復。ヴァージン コールド プレス RH オイル 30ml ¥6,900／オーガニックファーマシー

どんなにしおれた肌も
ふっくらもっちり！

ねっとりしたテクスチャーの「塗るシートマスク」。モイスチャー リッチ マスク 70g ¥6,500／スック

顔のゆるみを
引き上げてくれる

気になる目元、口元の集中ケア。小ジワが消えて目元にハリを出してくれる。iP.Shot 20g ¥10,000／コスメデコルテ

柔らかく
透明な肌に！

肌の自浄サイクルを正常にしてくれる美容液。B.A セラム レブアップ 40ml ¥13,500／ポーラ

自分の未来の顔をつくるコスメは妥協ナシで選びたい

吸いつくようななめらかな肌に

キメが整い、もっちりした肌になる美容液。エクシア アンベアージュ ディオネクター 30g ¥25,000／アルビオン

肌の触れ心地が明らかにちがう!

発酵の力でハリが戻る！肌を発酵させることでタンパク質を増やしてくれる美容液。ジェニフィック アドバンスト 30ml ¥10,000／ランコム

肌時間が巻き戻る

バリア機能の弱まった肌を守ってくれる心強いクリーム。P.C. スキンミュニティ クリーム 49.5g ¥19,000／ヘレナ ルビンスタイン

弾力とツヤがよみがえる!

香りもよくて使うほどに肌が柔らかくなる美容液。ダブル セーラム 30ml ¥11,000／クラランス

じわっと質感を感じるツヤ肌に

濃密な感触でハリと潤いをチャージして、肌の弾力を取り戻してくれる。L ダイナミック クリーム 50g ¥14,000／資生堂BOP

ほわんと発光する肌に!

毛穴がキュッとしまり、キメを整えてくれる乳液。R.N.A. パワー ラディカル ニュー エイジ 50g ¥11,500／SK-Ⅱ

お金をかけるべき場所は口元の清潔感

DON'T SPARE MONEY FOR THE AREA AROUND YOUR MOUTH

「年をとると汚くなるから、若い頃よりずっと清潔にしていないといけないのよ」

母がよく話す言葉。

正直、数年前まではこの言葉を聞いても他人事で、「そんなこともあるのかなー」くらいの感覚だった。けれど、最近この言葉の意味がよくわかる。日常のひとコマひとコマで、「こういうことね」と納得してしまう。

たとえば、今まで感じなかった匂いを自分に感じたり、妙にくしゃみが大きくなったり、食べ物が唇につきやすくなったり。肌や体のラインが崩れていくだけではなく、生き物としてのいろいろなディテールが変化していく。

なかでもわたしが大きな変化を感じているのが歯と歯茎。歯茎の色はくすんだように思えるし、ハリや弾力もなくなってきた。疲れているときや寝不足の日には、歯茎がむくんでいることもある。歯も長くなったような気がするし、歯間も広くなってきたように思える。きっとこれは、歯茎が少しずつ後退しているせい。

これによって痛烈に実感するのが、歯の隙間に食べ物が詰まること。今まで食事をしていてもなにかが詰まることなどなかったのに、最近ちょくちょくそんなことがあり、ゾッとする。

子どもの頃から、どうして大人たちは食事の後に爪楊枝で「シーシー」するのかと不思議でならなかった。今では「こういうことだったのか」と、わかりたくないことに大いに共感したりもする。

歯茎もたるむ。肌と同じように、加齢や口腔内の衛生状態で、確実に内側もエイジングが始まる。でも、口元は清潔感や知性が透けて見えるパーツ。口元が美しいと存在自体が美しく格上げされる。

反対に、どれだけ美しくても、口元の透明感が失われるだけで美しさが損なわれてしまう。それどころか「汚いひと」という印象まで持たれてしまうことがある。

だから、今日から始めたいのは、歯茎のマッサージ。

歯を磨いた後、歯と歯茎の間に柔らかめのブラシをやさしく当てて、微振動させながら少しずつ移動していく。6分ほどで上下全歯行ったら、次はひとさし指の腹で歯茎の付け根をやさしく、くるくる小さな螺旋をえがくように奥歯から順にマッサージ。上下、同じように行う。

次にひとさし指と親指で歯茎をはさみ、1本につき3秒ずつ、気持ちいいくらいの力で指圧していく。最後に歯ブラシの裏でほうれい線のマッサージ（45ページ）

をして終了。

これを毎晩行うことで、キュッとしまった透明感のあるピンクの歯茎を育てることができる。ほうれい線のケアや口臭予防にもなるので、ぜひ試してほしい。

次に歯の透明感。くすんだ歯は、肌までくすんだ印象にしてしまうので、定期的に歯のクリーニングを受け、必要であればホワイトニングも行いたい。

歯磨き粉にもホワイトニング機能があるものや、自宅でできるセルフホワイトニングアイテムやコスメもあるので、自分が続けられる方法で継続したい。

タバコやコーヒーなどの色の濃いものはできるだけ避け、摂取した後にはすぐ水を飲んだり歯磨きをするなどして、着色させないよう意識することも大切。

コーヒーや赤ワインがどうしても好きというなら、その分ケアは徹底したい。わたしの友人のコーヒー好きは、「ブリリアント モア」という歯磨き粉を使っている。これは歯まで削ってしまう強い研磨剤ではなく、薬剤でステインを落とすというもの。特別な美白にはならないけど、日常の黄ばみや黒ずみには効果的。

タレントやモデルの場合はホワイトニングはもちろん、セラミックの「ラミネートベニア」や、「ダイレクトボンディング」などで歯を白くすると同時に歯並びも美しく見せているひとが多い。

ラミネートベニアは、自分の歯の上に人工の板を重ねるというもので、歯列矯正のように時間がかからずに、歯並びもホワイトニングも一気に解決すると評判。ただし、自分の歯を少し削ることになるのは、知っておいたほうがいい。

ダイレクトボンディングは、欠けた部分にプラスティックを詰めるもの。隙間の空いた歯と歯の間を詰めることもできて、歯並びを整えて見せてくれる。

白くしすぎたり、縦長できっちりつぶのそろった歯にしすぎて不自然にならないよう、ナチュラルさは残しつつ、ケアしていきたい。ちなみに、歯並びの見本のような縦長の歯にしすぎると、ちょっと老けて見えるということも忘れずに。

必ずひとに見えるパーツであり、大切なひとに触れるパーツでもある口。いつだって気兼ねなく大きな口で笑ったり、近くで大好きと言えるよう、いつまでも美しくヘルシーな口元でいたい。

40歳になったら、口元こそはしっかりお金をかけるべきパーツのひとつ。

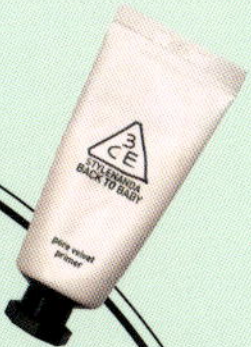

HOW TO KEEP YOUR GROWING NOSE TO STAY SMALL

年々大きくなる鼻を小さくする

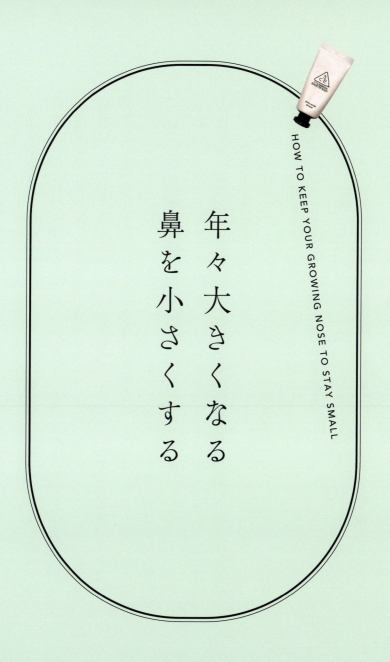

鼻は顔の美しさを左右するパーツ。どんなに美しい目をもっていても、鼻の大きさや形で一気に残念な印象になってしまうほど。マスクをしているとほとんどの女性が可愛く見えるのは、そんな理由があるから。

理想は、鼻筋がすっととおって、小鼻がキュッとしまった小ぶりの鼻。けれど、残念ながら加齢とともに鼻は大きくなる。その理由は、たるみ。顔がたるむことで鼻も左右や下に引っ張られ、鼻筋はペタッと平坦になり、小鼻が左右に伸びて広がることで、さらに存在感が際立ってしまう。

鼻は、大きさ、形はもちろんだけど、実は質感もとても重要。つるんとしたなめらかな質感の鼻なら、透明感も出てくどい印象にはならない。他のどのパーツが地味でも一気に美人に格上げしてくれる。

けれど、それがブツブツとくすんでいたら、思わず目がいってしまうほど存在感が濃くなり、清潔感も品も、大きく影響を受けてしまう。

存在感のあるパーツは、ディテールがとても重要。

まずは、毛穴。毛穴は絶対に目立たせたくないから、黒ずみや開いた毛穴の影ができないよう、酵素洗顔などで角栓を穏やかに取り除き、毛穴を引き締めるコスメで毛穴レスな鼻を目指す。肌のターンオーバーは年齢に比例して長くなると言われている。わたしなら、40日くらいかかるということ。効果を焦らずじっくりケアする必要がある。

とくに小鼻は、面積は小さいながらも清潔感に響く場所なので、しっかり水分と油分のバランスを整えて、キメを細かく保ちたい。

くすみは、美白化粧水でコットンパックをしてから美容液で透明感を出すケアを。とくにビタミンC入りのものは、毛穴を引き締めて皮脂を抑制する効果もあるので、コットンにたっぷり含ませて、小鼻まわりにのせてパック。

クレイマスクも毛穴の汚れを吸着して透明感を引き上げ、肌をもっちりなめらかにするので、ケアに取り入れることをおすすめしたい。

鼻をかむことが多かったり、アレルギーがあるひと、クレンジングがきちんとできていないひとの小鼻には、赤みやくすみ、色むら、毛穴のデコボコがあることが多い。

なので、鼻をかむときには柔らかいティッシュや保湿ティッシュを使い、なるべく肌に強く押し付けたりこすったりしないよう、やさしく取り扱うこと。たびたび鼻をかまなくてはならないなら、かむ前と後にクリームやバームをのせると、肌が傷むのを予防してくれて、ザラつきやくすみができにくくなる。

わたしも乾燥がひどいときはバームを持ち歩いて保湿。保湿効果が高くて肌を保護してくれるバームは、日中のケアやメイク直しにも便利。少量のばしたらよく馴染ませて、下地、ファンデと塗り直せば、夕方も整った小鼻をキープできる。

加えて下地に毛穴を埋める「コスメデコルテのパーフェクト ポアカバー」や皮脂コントロール機能がある「クリニークのリファイニング ソリューションズ コレクティング セラム」などを使えば、よりキレイに仕上がる。

とっておきの方法としては、リキッドファンデーションの後にルースパウダーではなく、小鼻だけパウダーファンデーションをブラシでほわっとかける。すると、格段にくずれにくくなり、キュッと締まった印象になる。

夕方もキュッとしまった鼻でいられたら、女としての格もぐんと上がる気がする。

肌がぐんと
あかぬける!

Items _ 大人の毛穴撲滅ケア

美白する!

すみわたるような透明感をくれる

肌の奥から美白して毛穴を目立たせない。セラムコンサントレエクレルシサン(医薬部外品) 40ml ¥15,000/クレ・ド・ポー ボーテ

汚れを落とす!

一瞬で肌を透明にしてくれる

肌をつるんと磨きあげ、毛穴の汚れも落としてくれるスクラブ。ザ・リファイニング フェイシャル 100ml ¥11,500/ドゥ・ラ・メール

なめらかにする!

もちっとしたツヤ肌を育てる逸品

ビタミンA配合の美容液が肌をなめらかに整えてくれる。C－クエンス1 35ml ¥15,000/エンビロン

角質ケア!

続けるほどに毛穴が目立たなくなる!

ストックせずにはいられない、週1回のお気に入り。ビューティークリアパウダーウォッシュ 32個 ¥2,000/スイサイ

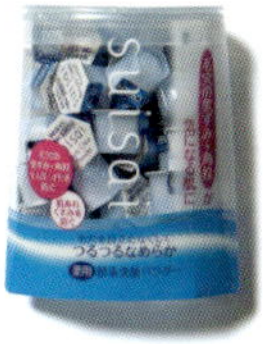

引き締める!

顔が変わるのを実感!

ぷりっとした肌をつくってくれるサプリのような化粧水。ケイカクテルVローション 150ml ¥7,000/ドクターケイ

代謝させる!

うぬぼれるほどの肌ざわり!

角質の代謝を促してターンオーバーを整えくれる角質美容水。スキンピール ¥4,583/タカミ

40歳からの美容計画

BEAUTY PLANS TO MAKE WHEN YOU ARE 40

これまでも節目近くになると、なんとなく想像してきた自分と年齢の関係。今年42歳になるわたしは、50歳、60歳という新たなステージにむけて、美容計画というものを立て始めた。それは、自分の身にこれから起こるであろうエイジングのサインにできるだけ冷静に対処し、その下り坂をゆるやかにするため。そしてできる限り余裕をもって、そのときそのときを楽しんでいくため。

40代は、できればセルフでのスキンケアで今の肌を保っていきたい。

もし、何年も同じアイテムでケアをしているひとがいたら、ぜひ一度見直してほしい。コスメカウンターに行くのを嫌うひとは多いけれど、最新の成分の入ったコスメを試すことができたり、肌チェックを受けられる機会は大いに利用すべき。

わたしも肌の不調が続くときにはカウンターで肌チェックをして、今の自分の肌に何が足りないかを確認するようにしている。もちろん、その場で試したものがいくらいいと感じても、簡単に高額な買いものができるわけではないので、サンプルをもらって帰宅。実際に数日使ってみてから判断すると決めている。

気に入ったものがどうしても手が出ない高級なものだったとしても、自分に必要な成分がわかれば、ドラッグストアで似たものを探すこともできる。大切なのは、今の自分の肌にあったスキンケアをするということ。ただ、生理前と生理中は肌が揺らぎやすいので、新しいものを試すなら生理後の肌の調子のいいときと決めている。

それでも改善しない部分があるようなら、専門家と話しながら最低限の施術を。たとえば日焼けやシミは、大きなお仕事の前にはイオン導入や内服薬。そして息子たちと目いっぱい日焼けする予定の前後に導入するビタミンCの点滴などの力を借りる。点滴は予防にも回復にも効くのでとても助かる。最近気になるフェイスラインのたるみは、ゴッドハンドをもつエステティシャンにお願いすることにしている。

ボディに関しては、この40代を挽回の年にしたい。これまでは、サロンでの施術とジムでのトレーニングを組み合わせてきた。でも、テニスやソフトボールなど、小学校から高校まで運動部で鍛えてきたわたしの体には、筋肉がしっかりついている。運動をやめて以来、その筋肉が脂肪に変わってきたのを見てはダイエット、そしてジム通い、という繰り返しをしてきたので、筋肉と脂肪がミルフィーユになって、ますます落ちなくなってしまった。40歳を超えてようやくこれに気づいたので、これからはマッサージとピラティスを組み合わせ、細すぎず、ちゃんと女の凹凸をもつ体を育てていきたいと思う。

50代、眉間の縦ジワが目立ってくると、ボトックスを意識し始めるかもしれない。横ジワに何かをすると一気に顔が人工的になるので、それは絶対にしないと決めている。でも縦ジワの影響は大きい。20代でも表情ジワの予防として眉間にボトックスを入れるひともいるくらい。ただ、わたしはやっぱり顔に異物を入れるのは抵抗がある。

ほうれい線やマリオネットラインは、今もでき始めているので、この頃には確実に目立っていると思う。けれど、ここもヒアルロン酸を入れてしまうと、次々に止まらなくなってしまいそうなので、できるだけ入れたくない。一度入れたヒアルロン酸は、体内でしこりのようになって、内側から肌をデコボコさせることがある。すると定期的にメンテナンスしなければならなくなるので、それもストレスに感じる。不自然にパンと張った顔やデコボコした肌、ひきつった笑顔にはなりたくない。最近美容界でチラホラ噂されるベビーコラーゲンはいいと聞くので、もう少し情報を集めるつもり。

同じく目尻のシワも、よく笑うわたしにはくっきりと刻まれていると思う。でもやっぱりここにもボトックスは打たない。ずっと自然に笑っていたいから。

そのかわり、40代の今から目元のケアは丁寧にしたい。今年、美容界の歴史を変えたといわれる「シワを治す」美容液、「ポーラのリンクルショット メディカルセラム」をひたすら塗り込みながら、たくさん笑っていきたいと思う。

肌が薄くしおれていたら、皮膚のごく浅い部分に保湿成分を少量ずつまんべんなく届ける水光注射がいいと聞く。皮膚がふっくらして、ハリとみずみずしさを取り戻してくれるとか。いざとなると頼れるものがあると思うと、今のケアも頑張れる気がする。ちょっとした変化にすぐ一喜一憂するのではなく、自分でできるところまでは、自然なエイジングを目指したい。

どうしても痩せない部分には、「インディバ」という体を芯から温めて新陳代謝を活発にする療法と、「キャビテーション」という脂肪細胞を減らす療法を組み合わせて対応。今は忙しくて通えないけれど、産後に試したときに効果を実感したので、この頃には通いたい。他にも、一度体験してみた筋膜を引き締めてリフトアップしてくれる「ダブロ」も、ヘアメイクさんに「今日何かした？ 顔がキュッとしてる!」と言われたので、検討するつもり。
60代は……正直まったく想像がつかない。ヒアルロン酸や糸など、注入系の「攻めのケア」は考えていないけれど、エイジングのサインが自分に影を落として笑顔でいられなくなるのなら、その選択肢もあるかもしれない。

でも大切なのは、顔を「新たにつくる」のではなく、「なくしたものを少し補う」という基準を守ること。シワがあってもキレイなひとはたくさんいるから、今からそういう女性のイメージをストックしていこうと思っている。

髪が薄くなってきたら、年齢に関係なく育毛&増毛の施術はすぐに始める予定。髪ばかりはすぐ着手するに越したことはない。ホームケアではなく、再生医療のクリニックを受診し、すぐにケアを始めると決めている。

こうやって、ときどき鏡をじっくり見ながら、未来のエイジングサインを予想する。そして、そのとき行うケアの優先順位を考える。

生活に追われて鏡を見なくなり、ある日自分の顔にびっくりしないよう、変わっていく自分を観察して、変化とつきあってケアしていくというのも、楽しみに思う。

CHAPTER 2

MAKE-UP

大人の女を楽しむメイク

THERE'S NO NEED
TO MAKE UP A "NEW FACE"

「新しい顔」は
つくらない

メイクは盛るたびにキレイとは遠ざかる。隠そうとして重ねれば重ねるほど、その隠したい部分が浮き彫りになって目立つようになるし、粉は多くなるほど肌をカサカサにする。

だから、肌もメイクも、「新しい顔」はつくらない。自分の、「今日、調子いいかも!」の日の顔を目指すこと。物足りないと思うかもしれないけれど、それくらいがいちばんリアルに美しい。やりすぎそうになる自分を止めて、その一線を守る。

そのままで十分キレイだったモデルや女優がヒアルロン酸やボトックスを打ち始め、キレイを越えてどんどん人工的になっていってしまうのはなぜだろう。自分でわからないのだろうか。周りの誰かは止めないのだろうか。誰もが一度はそう思ったことがあるはず。でも女は自分のこととなると、歯止めがきかなくなる。自分の美しさのこととなると、「もっともっと」が止まらなくなる。

ヒアルロン酸でもボトックスでもメイクでも、するときには加減が必要。自分のいちばんキレイな状態と人工的な顔になってしまう一線を知っておく必要がある。

メイクでいうなら重要なのはやはり「肌」。なめらかで透明感がある肌なら、シワもシミも気にならない。佐伯チズさんを見ても、美肌は年齢と関係ないということとがわかるはず。パーティなどでもみんなの視線を自然に集めるのは、発光するような美肌の持ち主。存在感が浮き立っている。

だから、毎朝肌をつくる前に、自分がいちばんキレイだった頃の肌と変わった部分はどこだろうと考えてみる。

透明感がなくなった。シミが増えた。シワが出てきた。毛穴が目立つようになった。そういう変化があるなら、そこをちょっと補ってあげるだけでいい。

透明感を取り戻すには、ピンクやブルー、パープルのコントロールカラーを、下地を全体に塗った後に、輪郭を残して顔の中心に重ねる。全顔に塗るとメリハリがなくなってのっぺり大きな顔に見えてしまうので、全体にのばさないこと。その後にファンデーションを薄く重ねれば、キレイに地肌が透ける透明感が甦る。

コントロールカラーは、ピンクなら綾瀬はるかさんや井川遥さんのような柔らかな血色感が、ブルーなら赤みを抑え、松雪泰子さんや中谷美紀さんのような透明感が、パープルなら二つの特色をあわせもったバランスのとれた色味になれる。

シミは、肌と同じ色のコンシーラーで、一つ一つ目立たなくしていく。小さな点なら固めのコンシーラーのほうがしっかりカバーできる。目元の場合はトリートメント効果があり、少し柔らかめのテクスチャーで、たくさん笑っても地割れしないものを。ソバカスなど広い範囲で塗りたいときも、比較的柔らかいものをスポンジで広めにのせたほうがキレイに馴染む。

シワや肌のしぼみが気になるなら、潤いのある下地を全体にたっぷり広げ、肌をふっくら整える。40歳を超えたら、下地選びは潤いのあるものが絶対。

開いた毛穴には、下地の前に、肌の表面をなめらかに整える毛穴専用下地や毛穴引き締め美容液を入れ込み、メイクの仕上げに鼻筋にハイライトを細く入れる。最後に小鼻部分に1段暗めのパウダーファンデーションをのせると、くずれにくくなる。

仕上げのパウダーも、必要最小限でいい。盛った粉は肌のアラをかえって強調してしまう。それに、ツヤを消すと立体感も肌のみずみずしさもなくしてしまう。ヘアメイクの仕事をしている主人も、パウダーはほとんど使わず、自然なツヤをいかしている。粉がないほうがくずれたときに目立ちにくいし、指の腹でトントンと馴染ませて簡単にリカバリーできるという利点もある。

ツヤ肌は、女っぽさ、色っぽさを生むし、ヌケ感も簡単に出せる。ファッションとしても、少しカジュアルだったり遊びがある服から女性らしいものまでぴたりと合って、こなれた雰囲気をつくってくれる。

ただ、わたしの場合、子どもの学校行事や、フォーマルな着物の席のときは、セミマットなファンデを使ったり、パウダーを全体にのせてマットな質感にチェンジ。学校行事のときは磨いたようなツヤが出るセミマット肌。着物のときはしっかりマットな肌。マットな質感は上品さを出してくれる。

質感と透明感を調整することで、そのシーンにぴたりと合う肌をつくるというのも、大人の楽しみ。

このとき、下地や仕上げのパウダーを首まで塗ることで、違和感なく質感が整えられる。顔と首がちぐはぐになると途端に老け見えするので、質感を統一するように気をつけるのがポイント。

大人の顔に
必要なのは
くずれぎわも
美しいメイク

A MATURE WOMEN NEEDS MAKE UP
TO MAKE YOU STAY PRETTY
EVEN WHEN IT'S ABOUT TO FALL AWAY

大人になるほどに、「隠していない」と思わせる肌でいたい。隠さないというわけではなく、塗っているけれど「塗っていないように見える肌」をつくる。一見薄い、素を感じさせるような肌は、ひと当たりがいい。ひとに窮屈さを感じさせることなく、自然なぬくもりを感じさせるヌケがうまれる。

いかにも「塗ってます」という完璧すぎる肌では、まるで戦闘服でも着ているよう。「このひと、ちょっと闇を抱えてそう」と思わせてしまうことだってある。

20代と40代の肌を分けるのは、光を反射する「キメ」。年齢が若いうちは、キメに弾力があって細かく整っているので透明感が出るけれど、年齢を重ねた肌はキメが粗く、乱れがち。溝も浅くなっていくので、ツヤが出にくくなったり、ビニールのようにテラテラとしたツヤになってしまう。一見ツヤツヤに見えるおばあちゃんや、過度の美容マニアを見て、「何かちがう」と思ったことがあるはず。

この違和感は、キメがなくなってしまっているせい。乾燥や摩擦、紫外線、過剰な皮脂、ターンオーバーの乱れ、そして過度なピーリングやクレンジング、洗顔のしすぎ。ごしごしと強く顔を洗ったりタオルでこすったり、硬いリネンで寝ていたりと、ちょっとしたことでキメは乱れてしまう。

逆に、カサカサのひとの場合は、スキンケアを見直すべき。必要なところに必要なケアをできていない証拠。本来季節ごとに見直すべきスキンケアアイテムを、季節どころか何年もアップデートしていないなら、今すぐ考えたい。

どんなメイクものせるのは土台である肌。肌が美しくなければ、いくらキレイにメイクしても仕上がりはそれなり。年を重ねるごとに、キメは意識して整えることは忘れずにいたい。

そして、もう一つ。

大人のメイクの定義は、くずれぎわもキレイなこと。粉っぽいと、くずれたときにドロドロしたりよれたりする。だから、ファンデーションやパウダーは重ねすぎないこと。厚くすると、肌のキメも悪目立ちする。

肌は24時間新陳代謝する以上、くずれないメイクは存在しない。でも、重ねすぎなければ、くずれてきても目立たないし、指でなじませるだけでリカバリーもすぐにできる。落ちないメイクを考えるのではなく、「くずれたときに、いかにキレイに立て直せるか」が大人のメイクに一番大切なこと。

そのうえで、「大人の透け肌」をつくるアイテムをいくつかご紹介。

Items

大人の肌に必要なのはツヤ、みずみずしさ、血色感

美肌アプリなみのレタッチ力

ピンクパープルがくすみをおさえて自然な肌トーンに調整。B.A デイセラムL ブライトアップ 25g ¥9,000／ポーラ

ツヤと透明感と血色感がすべてかなう！

大人の肌に必要なものを整えてくれる。AQミリオリティ メイクアップ エッセンス01 30ml ¥10,000／コスメデコルテ

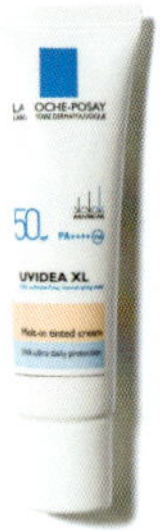

ツヤんツヤんの透明肌に

乳液タイプでSPF50／PA++++。敏感肌用なのにサラッとなじむからデコルテまで1本で肌むらカバー。UVイデア ティント 30g ¥3,400／ラ ロッシュ ポゼ

くすみがなかったことになる！

色むらを補正して透明感をアップさせてくれる。まろやかに発光する肌に。ベーシック コントロールカラー 02パープル ¥2,000／RMK

「今」を感じさせるツヤ肌に

大人のツヤ肌が簡単につくれる。ブラン エクスペール クッションコンパクト L ケースとパフも含めて ¥6,500／ランコム

仕上がりのツヤ感と絶妙なカバー力は完璧！

SPF50／PA++++で紫外線を強力ガードなのに、肌もしっかり潤わせ、整えてくれる。アトモスフィア CC クリーム ¥8,500／SK-Ⅱ

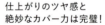

誰をもツヤ肌にしてくれる実力ファンデを味方につける

わたしの運命のファンデ!

密着力のあるオイルが均一な仕上がりをキープ。フローレスグロウ ソリッドファンデーション ¥5,000 ケース ¥3,000/キッカ

スチームを浴びた後のようなうる肌に

高保湿でうるみ肌をつくってくれるのに、ピタッと密着する大人用ファンデーション。スティーミング スキン 30ml ¥6,000/エレガンス

ツヤを消さずにテカリは消す!

皮脂吸着パウダーがサラサラ肌を長時間キープしてくれる。ラヴィッシンググロウ プレストパウダー ¥4,500 ケース ¥1,500/キッカ

ほれぼれするみずみずしさ!

発光しているような美しいツヤ肌をつくれるファンデーション。タンミラク リキッド 30ml ¥6,000/ランコム

一度つけたら確実に虜になる!

肌にピッタリ密着。肌のくすみやムラが嘘みたいに消える。ソフトマットコンプリートコンシーラー1282 ¥3,400/ナーズ

ヌードなのにこの美肌感!!

使い続けると素肌も均一になるすごいファンデーション。カラー クロン N 30ml ¥7,500/ヘレナ ルビンスタイン

LUSTER BRINGS BACK YOUR SOLID IMPRESSION

ツヤで顔の立体感を取り戻す

テカリとツヤの違いはなんですか？

よく、生徒さんから出る質問。自分のこのテカテカ光っている部分はツヤ？ それともテカリ？ と不安に思うひとは多いと思う。

実は、テカリとツヤの違いは凹凸が握っている。基本、小鼻やほうれい線のように凹んでいる部分の光はテカリ。頬や鼻筋のように高い部分にある光はツヤ。

顔の上の光は、場所や面積を間違えると、とたんに下品になってしまう。10代、20代のときには、「ピチピチして可愛い」ですんだものが、30代後半からの間違えた光は、油浮きのようなギトギトした印象になってしまう。

本来ツヤは、のっぺり大きく見えがちな大人の顔を立体的に見せてくれる貴重な質感。だから、40歳になったら光っているものをすべてカットするのではなく、大人のツヤ肌の法則を守って、いつまでも新鮮な顔でありたい。

邪魔なテカリを抑えるためには、小鼻やほうれい線、Tゾーンなど皮脂の多い部分のスキンケアでは油分を少なめに調整して塗ったり、テカリ防止の下地を重ねたり、仕上げにその部分だけをパウダーでおさえたりというプロセスが必要。メイク前にビタミンCの化粧水でローションマスクをするのもオススメ。化粧水でヒタヒタにしたコットンを顔の上にのせて、乾かないように上からラップでフタをする。10分も置けば、テカリにくい肌ができあがる。

反対にツヤを出すには、メイク前のスキンケアをたっぷり丁寧にすることが大切。とくにクリームやオイルをしっかりのせ、油分を補ったうえで、潤いたっぷりのベースを使用したり、仕上げにうるっとした質感が出るクリームハイライトやグロウハイライトなどを重ねる。どのアイテムもツヤが出るものを選んだほうがいい。

ツヤアイテムを買うときには、しっかり顔で試したい。きちんと潤って美しいツヤが出るかどうかは、自分の肌で試してみないとわからない。どうしても顔にのせられないときは手の甲でもOK。どちらにしても自分の肌で確かめることが大切。

そして、ツヤアイテムの重ね方にはコツがある。

年齢を重ねると、肌の表面がザラついたり、デコボコができやすくなって、美しい光が生まれにくい。そんなときは肌の凹凸をなじませてくれる下地を使ったり、毛穴を埋めるベースをくるくるとその部分に塗り込んで肌をなめらかにしておくと、光を反射したときに丁寧に磨き上げたようなツヤが出る。

アイテムを使う順番によっては、ツヤの強度も操れる。

ほのかなツヤを感じさせたいときには、ファンデーションの下にツヤものを仕込む。下地の上にツヤアイテムを重ねてからファンデーションを塗ることで、キレイに立体感が出る。これなら肌の奥に潜ませるように使っているから、ほんのりとしたツヤになる。

ツヤを強く出したいなら、パール系のハイライトを最後に重ねて一番表に出す。見るからにみずみずしいツヤがほしいときには、同じく最後に肌の上に透明なグロウハイライトをそっと重ねる。

どちらも大人の肌にツヤっぽさをくれるクリームタイプを使うこと。パールの有無でも印象が変わるので、なりたい肌に合わせて使いこなせるように、色々な使い方を試してほしい。とくに目頭に入れると、目までうるっと透明感が出るので、ピュアな雰囲気になる。

首や手の甲も、視線が集まりそうな日なら、ボディクリームに下地やハイライトを混ぜて塗ると、光の効果でトラブルが目立たなくなるからオススメ。

テカリとツヤの違いを知る

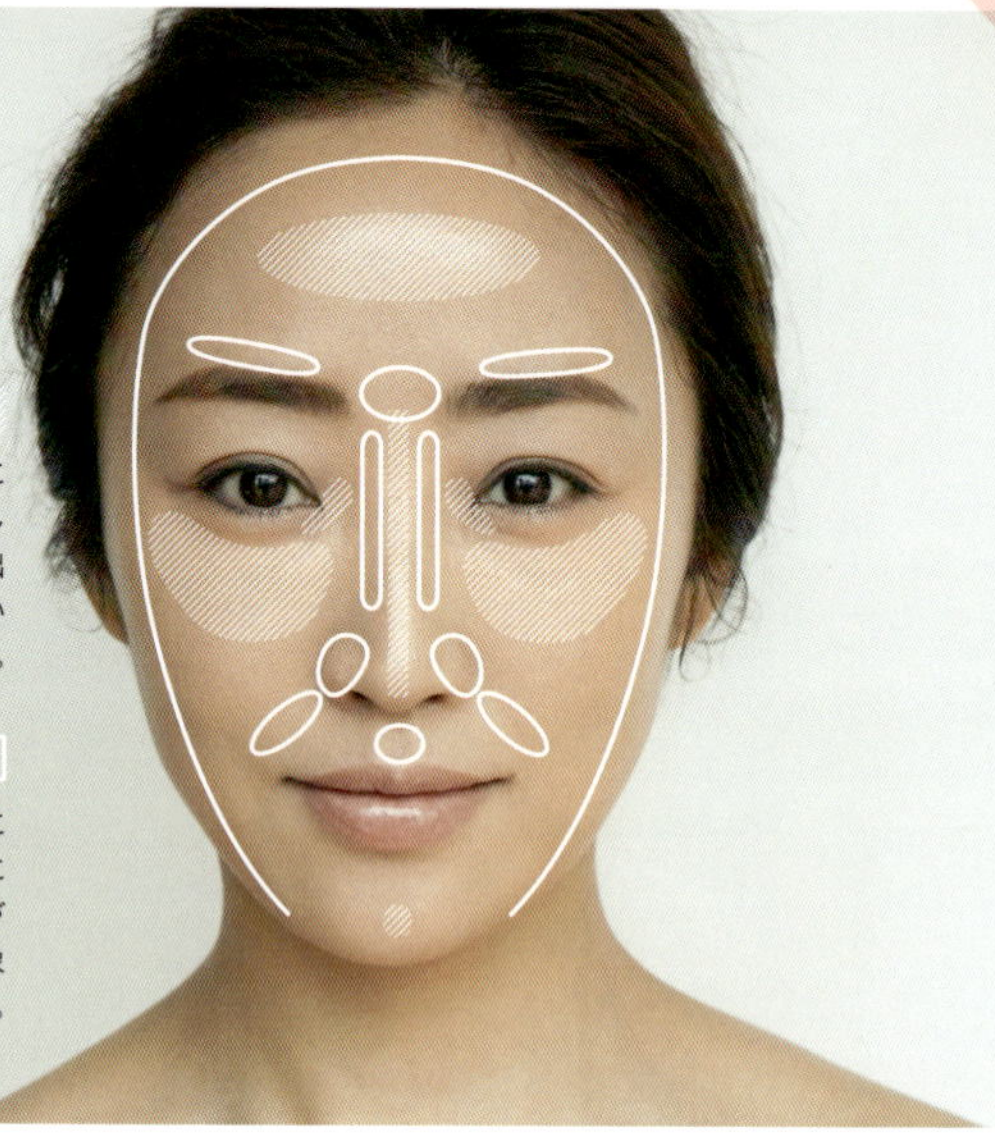

ツヤ部分

ここが光っていると、顔に立体感が出て、みずみずしさもあげてくれる。ツヤ出しアイテムは効果的に使いたい（おでこはひかえめに）。

テカリ部分

光っていると肌がキレイに見えない。ちなみに、輪郭にツヤアイテムを使うと顔がベタッとのっぺりした印象になるので、使わないこと。

Items _ うるうるのツヤを出すアイテムたち

正面からだけではなく、斜めや横に顔を動かし、ツヤんとするくらいがちょうどいい。

朝露のような ピュアなみずみずしさ

ギラギラしない、いい感じのツヤ感をつくれる万能ハイライト。rms beauty ルミナイザー ¥4,900／アルファネット

洗練されたツヤで 骨格も美しく

塗っているだけでお肌のケアもできて発光する肌に。ミネラルハイライトクリーム 4g ¥3,500／エトヴォス

トリートメント後の ようなうるめく肌に

オイルのようなツヤが出るハイライト。グロウイングデイスティック ¥3,000／ルナソル

色遊びは潜ませる
くらいがぐっとくる

THE KEY IS NOT THE COLOR ITSELF
BUT HOW TO USE THEM

「美容マニア」「メイクマニア」はイタい女になりやすい。まだまだ発展途上の女の子の行きすぎや間違いは可愛いもの。でもこれが大人の女となると痛々しさが出るから注意したい。

美容やメイクはバランスが難しい。好きがゆえに顔をつくりすぎたり、凝りすぎたり、トレンドで固めすぎたり。完璧な美しさを求めすぎて、人造感が出てしまうこともある。

なぜか垢抜けないというときは、「顔が重い」のが原因。とくに肌にハリがなくなってゆるみをましてきた大人の顔には、強すぎるメイクや完璧なメイクをすると浮いてしまって、若づくり感や痛々しさがたって、厚化粧という印象になる。

たとえば、リキッドファンデーションにパウダーファンデーションを重ねるのをやめてみる。口紅のリップラインをとるのをやめてみる。リキッドファンデーションの上にフェイスパウダーを重ねるのをやめてみる。太いリキッドアイライナーに根元からばっちり塗り込んだマスカラをやめてみる。毎日当たり前のようにやっていた、下地→ファンデーション→パウダー→アイシャドウ→アイライン→チーク→リップで完成、という決まった流れをくずしてみる。

ときにはビューラーを使わないで伏し目がちにしたり、マスカラなしで目元を柔らかく仕上げてみるのも新鮮。そんな美への「脱力」がオシャレ感や洗練を生む。けれど、美容魂を捨てろとはいいたくない。「キレイを楽しみたい」という思いは、女にとって、とてつもなく大切なもの。だから、イタくならないメイクのコツをおさえておきたい。

大人の女のNGメイクはいくつかあるけれど、なかでも大きいのは「色使い」。毎シーズン、メイクにはトレンドがあり、その中心にたつのが「色」。色は今っぽい空気を簡単に出したり、雰囲気を一瞬で変えてくれる魔法のようなアイテム。でも、攻めすぎた色使いは大人の女をイタくさせる。

大人の目元づくりは、カラーライナーなら目尻にだけそっと潜ませるような使い方。色が鮮やかなものになるほど、その色面積は少ないほうがさりげなくてキレイ。ブルーやピンクなど色もののアイシャドウを使うときは、ブラウンやベージュの上にふわりとかけたり、目頭のみや目尻のみに重ねる。その後ブラウンをアイライナーとして目のキワに使うと、ヌケと深みが両方手に入り、余韻の残る眼差しに。

黒のリキッドアイライナーを使うなら、上からブラウンのパウダーシャドウでラインをなぞりながら重ねると、リキッドのきつさを感じさせずに自然に大人のまぶたに馴染んでくれる。アイラインは、リキッド→ジェル→ペンシル→パウダーの順に馴染む。合わせ技で使うほうがやさしく目元を引き立てられる。

唇に鮮やかな旬の色を使うなら、一点主義が正解。旬の色を唇にまとったら、他のパーツは思い切って抜くほうが大人の余裕が出る。このときは、シャドウはベージュやブラウンなどベーシックカラーを。マスカラもあまり盛らずにさっと塗りで仕上げる。唇の存在感を際立たせるほうが、うるさくならずにドラマティックな印象の顔になる。

カラーマスカラを使うなら、ダークな色を選ぶのが正解。いくらトレンドでも鮮やかな色を使うと「流行もの大好き！」みたいな安っぽさを感じさせ、肌やパーツまでチープに見えてしまう。色は色でもボルドーやネイビー、カーキなど、黒やブラウンに色が混ざっているようなものを選ぶと、色っぽく洗練された印象になる。

一番注意したいのがチーク。ここにわかりやすく色がのってしまうと、とたんに痛々しさが出る。チークはいつだって色の気配を感じるくらいで止めること。

伏し目にしたときに
チラッと見えるのが
ドキッとするさじ加減。

大人の女をイタくさせる「フェイク」を捨てる

NO MORE "FAKING" BECAUSE YOU'RE MORE MATURE THAN THAT

カラコンが好きだった。かれこれ26年くらいのお付き合い。でも40歳になってカラコンをやめた。40歳というものは、いろいろな視点で自分を見直す年齢なのだと実感している。

今まで「本当はこうしたほうがいいのはわかっている」けれどできずにいたこと、自分への力み、ちょっとした違和感を、素直に調整できる。40歳は、そんな不思議で面白いタイミングだと思う。

カラコンは仕事で付けなければならないということもあったけれど、それよりなにより、目の印象が強くなったり、一見可愛く見えたり、顔が簡単に変えられたり、服や髪型に合わせて一番似合う顔になれたりと面白さは格別。自分のコンプレックスを埋めてくれるツールでもあったと思う。

でもふと40歳になった自分と向き合ったとき、カラコンをしない自分のほうが気持ちのいい「軽さ」を感じることができた。

大きさや形ではなく、自分本来の瞳がもつ色やニュアンス。これが今の自分の気持ちや美意識にしっくりきた。素の瞳の自分を心地よく、美しく、好きだと思えた。

まつ毛エクステも同様。大人のゆるんだまぶたに人工的なものがあると、顔に違和感が生じてしまう。

これはわたしの中でとても大きな変化。

つくりものではなく、素の自分がいいと思えたのは、とても気持ちがいい。理想に対しての力みが抜けたのを面白いほどに実感している。

素のパーツにしか出せない「深み」や「透明感」「抜け感」がある。

たとえば美容誌を見て「このモデルさん、カラコンしないほうがキレイなのに」と何度思ったことか。素の瞳で写っているモデルを見て、「このひとは自分に自信を持っているのだろう」とうらやましく思ったこともある。

ひとのことならわかっていたのに、自分はなかなかできなかった。

でも、フェイクな自分をやめてから、気分は清々しい。

おかげで、服もメイクもずっとかっこよく楽しめるようになったし、自分らしい空気も身についてきた。

フェイクのアイテムには、女を傷ませる重さがある。

大人になったら、あるタイミングで痛々しさを脱ぎ捨てるプロセスが大切。経験上、脱カラコンは3日で慣れる。

初日はまるで爬虫類みたいな自分の顔に拒絶反応。でもここでもう1日我慢。すると不思議と顔が馴染んでくる。

3日過ごすことができればもう大丈夫。新鮮な自分が、不思議なくらい面白い。そして素の自分を受け入れられたことに、今まで感じることのできなかった自信がふくっと芽生えるのを実感してワクワクする。

どうしても慣れないときは、アイラインをしっかりひくといい。ただし、リキッドライナーで目のキワをぐるりと囲むと、かえって目の輪郭が際立って小さく見えてしまうので、下のラインを線でつながず点々と入れてみたり、淡いブラウンシャドウで下まぶたに色をのせるのもいい。

いちばん効果的なのは、まぶたの上ではなく、目の内側の粘膜に黒のリキッドラインをひくこと。こうすると黒目が大きく見えるから、どうしても不安なひとは試してみてほしい。

LIFT YOUR FACE UP WITH THE "MASCARA METHOD"

顔を引き上げる「マスカラのお作法」

最近のわたしのエイジングサインの主役はたるみ。とくにフェイスラインや顔の中のパーツのレイアウトが変わってきたなと思う。

ある40オーバーの女優さんは、撮影の5時間前には起床して、顔を起こす時間をとるらしい。朝10時から撮影なら5時に、8時からなら3時に起きてお風呂につかり、マッサージやストレッチをし、顔や体がしゃきんとする準備をする。

確かにわたしも、午前中の顔はむくんでパーツもぼやけ、フェイスラインがだらんとしている。でも、お昼の12時くらいからだんだんといい具合になってくる。大人の女には時間も大切になってくるのかと勉強になる。

でも、忙しいわたしたちは、毎日5時間前に起きるわけにもいかない。

そういうとき、お風呂に入って鎖骨を温めるといいということに気がついた。お風呂に入る時間がないときは、シャワーで5分間温めたり、ホットタオルをあてるだけでも違いが出る。その後、鎖骨から脇の下にむかってリンパを流すのも効果的。十分に温めて、鎖骨まわりのむくみを押し流したら、顔の輪郭も、手をグーにした指の第二関節で、顎から耳に向かってローラーをかけるように強く押し流すと、顔がだんだんくっきりしてくる（35ページ）。

最後の仕上げには、頬骨の下にあるツボ（35ページ）と、目頭のところにある鼻の付け根の骨を、両側からぐーっと押す。すると寝ぼけていたパーツが起きてくる。

メイクで有効なのはまつ毛。わたしの場合、いつもはあえて下向きにまつげを下げて仕上げるほうが、憂いが出て好き。でも顔のたるみがひどいときや、キュッとしまった印象にしたいときには、まつげをビューラーでカールし、目尻側を斜め上に引き上げるようにしてからマスカラをのせる。

一方、下まつげにマスカラを塗ると目が下に引っぱられてたるんで見えるので、ノーマスカラ。こうすると、面白いくらいに顔がしゅんと引き上がり、見えない糸で斜め上に引き上げられたようにすっきり見える。下マスカラを塗らないと目が小さく見えて不安というときは、黒ではなくブラウンでさっと仕上げれば、重くならずにすむ。ただし、上まつげはあくまで黒か、黒に近い色のほうが、自然かつ、くっきりとした印象深い目になる。

最近の40代以上の美容ライターたちは、みんな下まつげのマスカラをやめている。「やり過ぎ感」なくヌケ感が出るし、下まつげの影が目元のデコボコやくすみなどの悩みを目立たせてしまうのを防ぐこともできるのでオススメ。

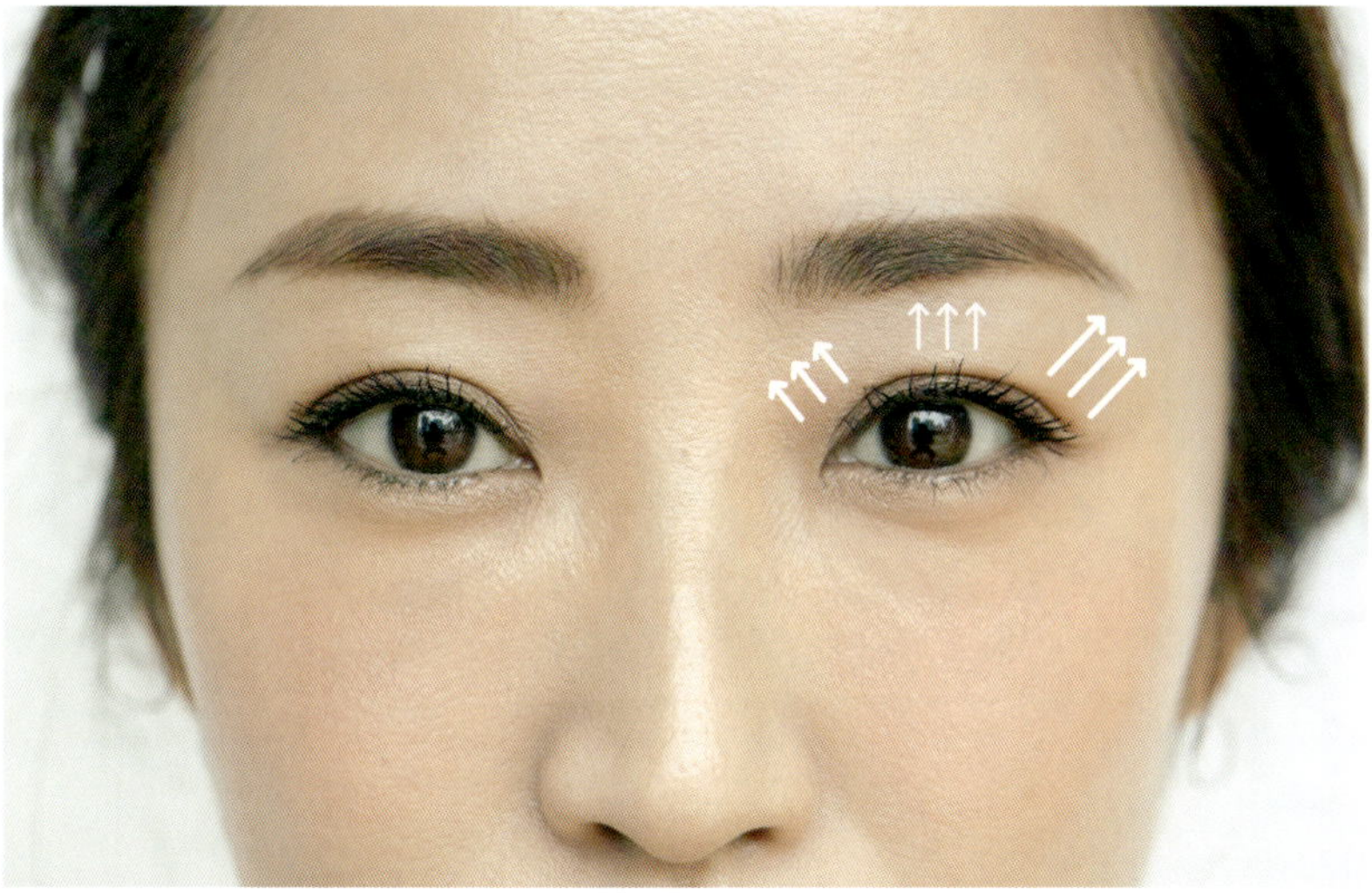

顔をきゅんと引き上げるまつ毛のコツ

上まつ毛は、場所ごとに
矢印の方向にマスカラを動かして塗ると
キレイに広がる。
とくに、目頭をしっかり上げると
目がハッキリして印象深いまなざしに。
ただし、黒目の上のまつ毛を
真上にしっかり上げすぎてしまうと
ビックリした顔に見えたり、
力の入ったメイクに見えてしまうので
注意。目尻はしっかり横に広げる。
根元にしっかり液をつけることで、
アイラインをひいたような深みがでる。

大人の目元に塗るマスカラは、
ブラウンでは寂しくなったり、
ぼやけて見えてしまうので、
黒に近いブラウンブラックで
柔らかさを出したり、ネイビーブラックで
透明感を出すのもいい。
ボルドーは色気を出したいときに。

LIGHTEN UP YOUR LIPS WITH HIGHLIGHT
TO FRESHEN YOUR APPEARANCE

顔の鮮度をあげる唇は
ハイライトでつくる

最近、唇に興味がある。それは、唇の変化を自分自身が感じているから。

もともと唇は厚いほうではなく、ぷくっと豊満な唇に憧れて、スクラブでマッサージをしたり、血行を促進させてボリュームアップしてくれるプランプリップを使ったり、リップ専用の美容液を試したりしていたけれど、最近これまでにも増して唇の元気がない。

縦ジワが増えたし、ボリュームも減少しているように感じる。唇も年齢とともに痩せてしまう。前からそうなることは予習していたものの、いざ現実になるとやっぱり寂しい。

はじめは、肌のせいでなんとなく顔が変わり、寂しげになってきたのだろうと思っていた。けれど、肌の調子がいい日も、いくらキレイにメイクしてもらった日でも、サロンでトリートメントをしてツヤツヤにしても、あと一声とどかない。

そんなとき、激辛のエスニック料理を食べたときに唇がぷくっと腫れた。あのときの目からウロコの心境。

唇が赤くボリュームアップしたことで顔の鮮度があきらかにあがった。ずっとなにか違うと感じていた要因はこれだったのかと、やっと答え合わせができたような爽快感。

唇のたった数ミリで顔は変わる。時間が巻き戻るというか、「そうだ、わたしってこんな顔してた！」と10代の頃の顔を思い出したくらいに。

その日から、唇を今まで以上に大切にしている。唇がふくっとしているだけで女の顔は息を吹き返すということがわかったから。

忘れているひとが多いと思うけれど、唇は肌の一部。他の肌と同じようにスキンケアをする必要がある。できれば美容液は「唇専用」のものを使いたい。最近は唇のボリュームを取り戻すものから、血色や透明感を育てるものまで、いろいろなアイテムが誕生しているから頼もしい。

週に1度はスクラブをかけ、マッサージをしてトリートメント、そしてマスクをする。日中はUVカットのバームやリップで紫外線対策。夜にはたっぷりバームをのせて眠りにつく。

どうしてもシワやしぼみが気になるならば、美容医療の力を借りるという方法もある。

でも唇は形づくりやバランスがとても難しいパーツ。ヒアルロン酸を入れるとなると、信頼と美意識と腕のよさをすべて備えたドクターとの出会いが重要になる。

しかも、入れすぎるとほうれい線がかえって目立ったり、唇が不自然に主張するというマイナスな面も考えれば、すぐにこれに頼るのは考えもの。

だから私はまだ自力でボリュームアップを研究中。

ひとつ発見したのは、リップクリームやバームに、肌にのせるクリームハイライトを混ぜてベースとして使用する方法。まるで何かを注入したような、唇のパーツモデルのようなシワのない、ふっくらと肉感的で、立体的な唇が手に入る。同じく、パール入りの透明リップクリーム、ランコムの「ラプソリュ ルージュ ラ バーズ」を塗るという手もある。

そして、唇が立体的に見えるグラデーションリップの塗り方（115ページ）と、女の美しさを上げる唇の形を描けるようにしておくのも大切なテクニック。

ちなみに、食事や会話をしているうちに口紅が剥げてしまった唇は、女をしおれた印象にしてしまうので、口紅の前にティントリップで地色を仕込んでおくと、色があせにくく、汚くならない。

ぷっくり唇のつくり方

1

バームとハイライトを手の上で混ぜる。

混ぜるのが面倒であれば、最初からパールの入ったバームでもOK。サラサラしたリップではなく、唇の縦ジワを埋めてくれるようにバームのようなこっくりしたテクスチャーのものがいい。

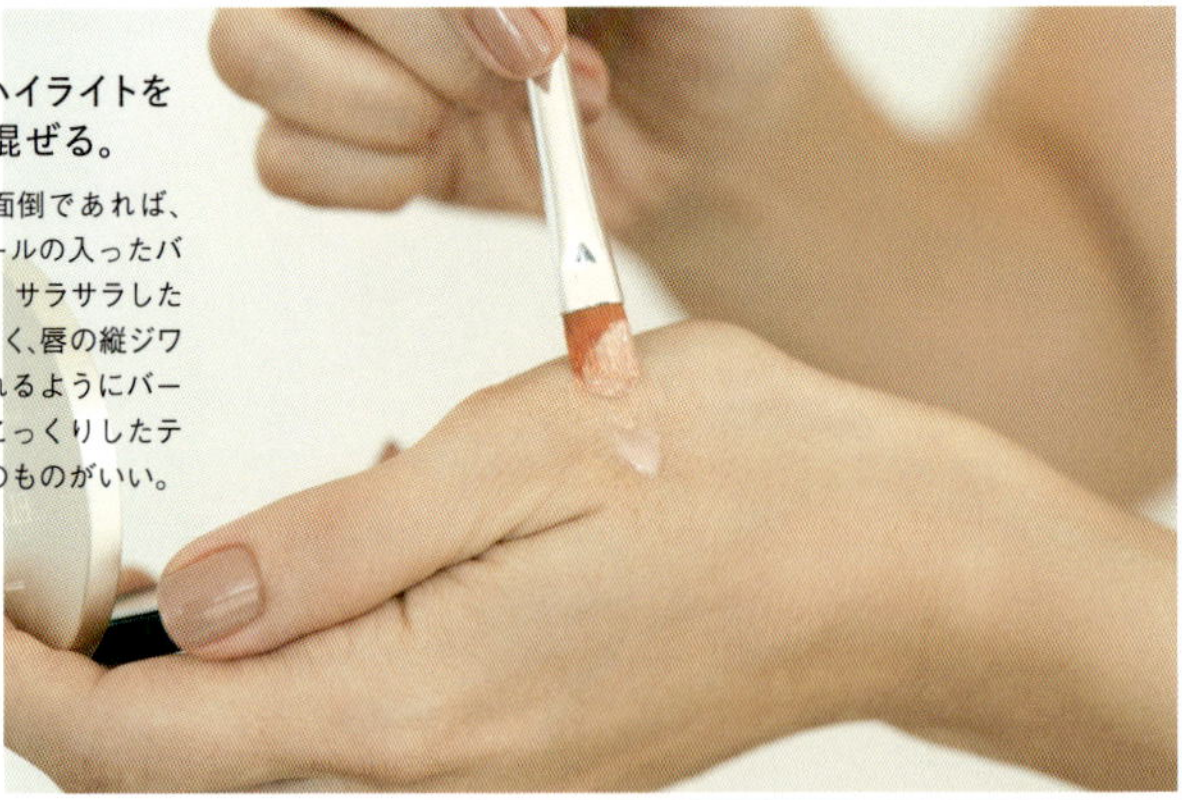

2

上下の唇に、混ぜたバームを塗る。

使うブラシの幅は、自分の唇の厚さと同じくらいか、理想とする厚さと同じくらいの平筆で塗ると、ムラにならず、ふっくらした輪郭で塗ることができる。

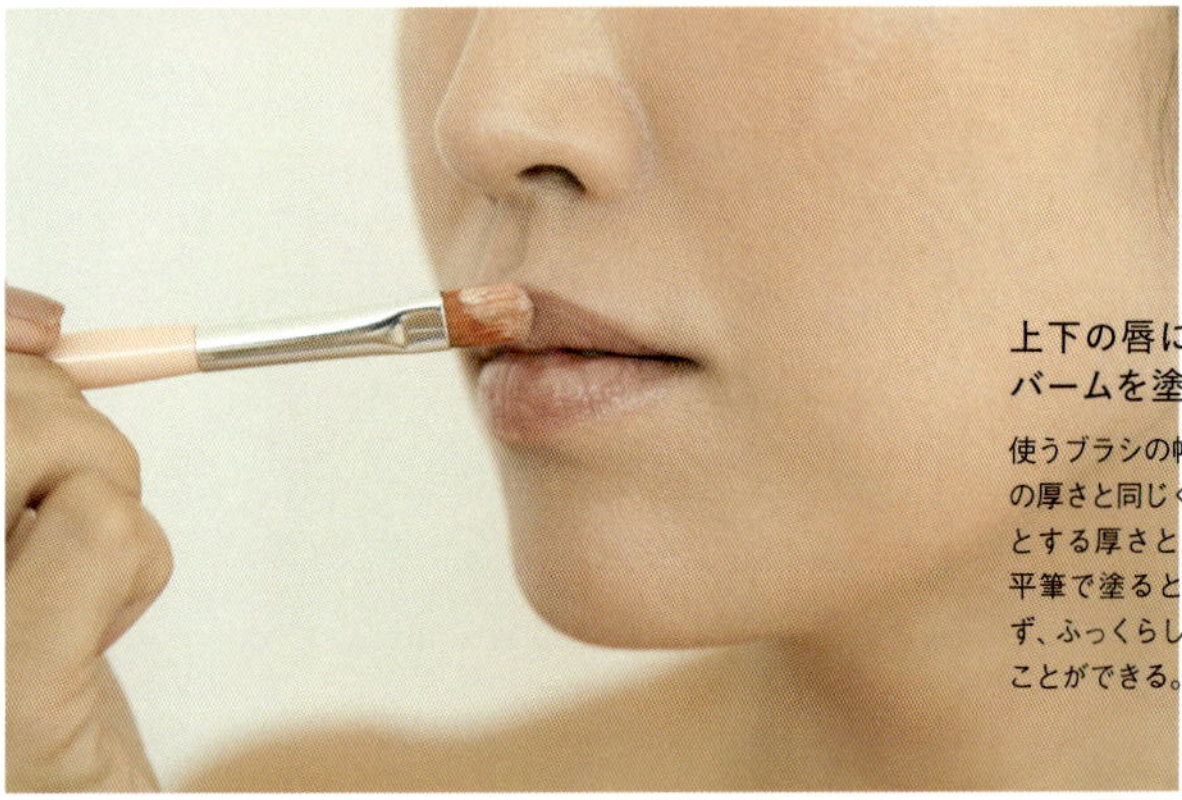

3

上下の幅で仕上がりを調整する。

上下の唇の幅がちょうど1対1になるように塗る。日本人は上唇が薄いことが多いので、上を少しオーバー気味に描くとバランスがとれる。この上からしぼみやすい点線の部分にオーバー気味に色を重ねると、ふっくらした立体感のある唇になる。

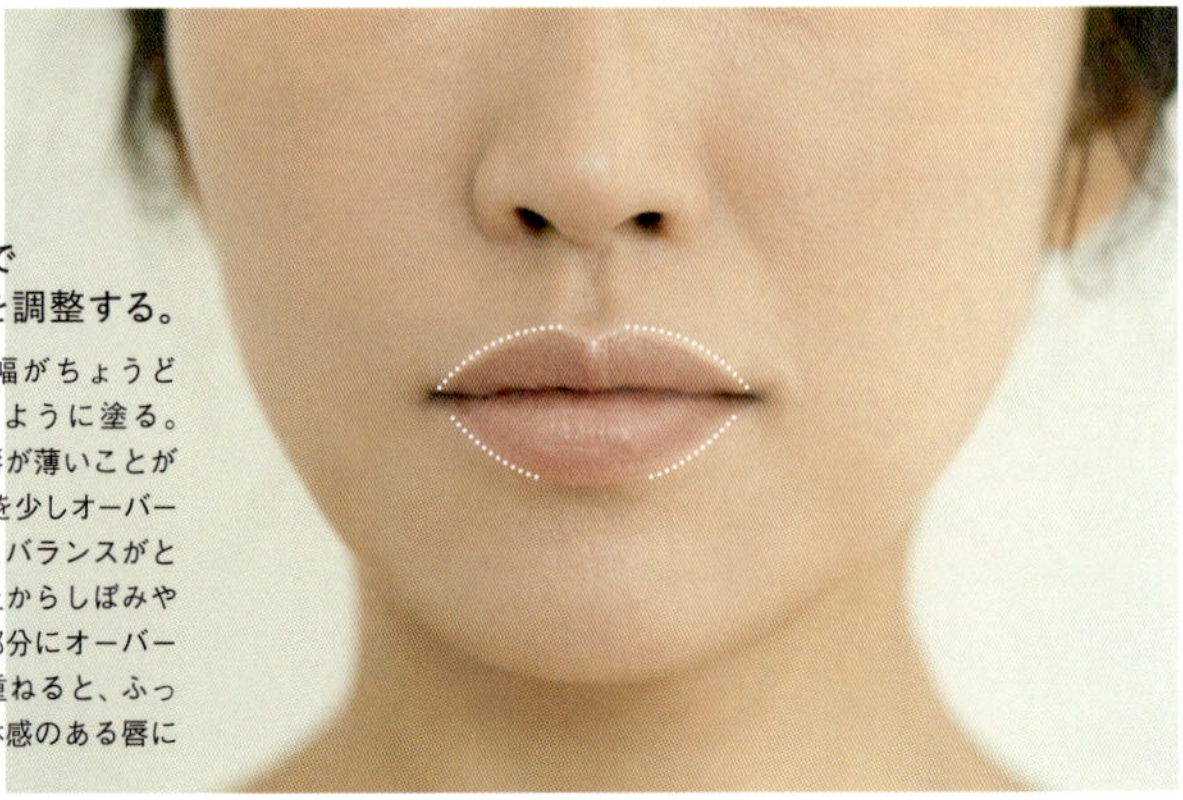

Items _ 大人の唇のスペシャルケア

唇が
生まれ変わる!

オイルで血色もプラス!

**使うほどにやわらかく
ふれ心地いい唇に!**

唇の縦ジワをふっくらさせる唇専用美容液。バランシング コンプレクションリップオイル D/B 2ml ¥3,500／スリー

育てる!

**ふっくらボリュームの
ある唇に!**

くるくるスクラブするだけで、かさつきや皮剥けを整えてくれる。ハニーリップゴマージュ 20g ¥2,800／ベキュア

唇をサイズアップ!

**これ1本でも
十分色っぽい!**

カプサイシンでぷっくりリップが瞬時にかなう。ディオール アディクト リップ マキシマイザー ¥3,600／ディオール

ケアする!

**365日
ポーチに入ってる**

しぼみがち、ガサつきがちな唇にはコレ。第三類医薬品 モアリップN 8g ¥1,200／資生堂

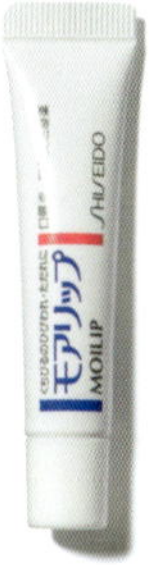

リップの下地バーム!

唇が生まれ変わるよう!

水を一滴も加えない処方。安心のトリートメント。バームコンフォール 9g ¥7,200／シスレー

スペシャルな保湿に!

**シワがなくなり、
ふっくらぷるん!**

皮脂腺も汗腺もない唇だから、デリケートなケアを。リペアウェア インテンシブ リップ トリートメント ¥4,000／クリニーク

「自由」を楽しむ赤とベージュ

RED AND BEIGE FOR FREEDOM

仕事上、毎日いろいろなコスメを使う。月にすると、既存商品も含めて数千個のコスメを試すことになる。

最近ふと気がついたことがある。それは、こんなにもたくさんのコスメを使っているのに、かなりの確率で使っているアイテムの存在。それは赤の口紅とベージュの口紅。これはわたしにとって、とても面白くて新鮮な発見。

赤い口紅といえば、憧れであり永遠。映画やオートクチュールの世界の中にその赤をみつけては、「いつか」とときめいてきた。エルメスのバーキンやＴＡＳＡＫＩのパール、ティファニーのダイヤのように、それは永遠のアイテム。

それが、ここ数年の流行りと自分の年齢を理由に、わたしにもやっとこの色を気兼ねなくつけることができる日がきたのだと少し感動した。赤やベリー色の口紅というものは、大人の女を実にバランスよく見せてくれるものだと思う。

肌色と赤のコントラストは肌を白く見せてくれるし、唇の存在感を鮮明に立たせると顔全体がしまり、どのパーツもはっきりと際立つ。

赤という色は品格があるのに色気も出せる。たった1色で女らしさと洗練されたしゃれっ気を兼ね備えた女にしてくれる理想的なアイテム。

顔だけに執着せず、服だけに執着せず、その双方のバランスを力まずとれる女こそ、大人の女だと思う。ベースやパーツのメイクを軽く仕上げた顔に、たったひとさじこの赤をまとうだけでそのバランスが叶う。それを実感しているから、思わずこの色に手を伸ばしてしまう。

赤は自信の色。自分の中にあるいくつかの殻を破ったときにやっと「まとおう」という勇気が持てる「媚びない色」だからこそ、「わたしはわたしでいい」という自由と自信を感じさせる色でもある。

そして、自分がそう思えていないときには、つけるのを戸惑ってしまうくらいパワフルな色。だからきっと、自分への信頼や楽しみを知った大人の女に似合い、その凛々しさをさらに引き立てる色なのだろうと思う。

実際、赤をつけると今まで感じることのなかった開放感を感じる。誰の目も気にせず自分を謳歌するというのは、自由と力をくれる。そして、まだまだ女として未熟なわたしを、大人の女に見せてくれる。まとった服も、着せられているのではなく、自分で選び抜いて着ているというスタイルにしてくれる。

「つけたいけれどどうしてもドキドキしてしまって手が出せない」という声も多

く聞くけれど、もし「つけたい」という気持ちが湧いたなら、きっと「赤を始める」タイミング。大人の女を楽しむときがきた合図。

ファーストレッドはシアーなものを選んでみるのがいい。唇の色が透けるくらいのものは、主張しすぎず、こちら側にほどよく寄り添ってくれるから。直に唇の中心に色をのせ、指で外側に向かってぼかしていくと、するっとなじんでくれる。

それに慣れてきたなら、次はしっかりと色づき、ほどよくツヤもある口紅を中央にのせ、輪郭は指やブラシでぼかすとグラデーションになってなじむ。あえてきっちり塗らずにラフにつけることでなじみがよくなるから、唇だけ浮くようなこともなくつけこなすことができる。これがグラデーションリップの塗り方。慣れてきたら全体的にしっかり塗ってもいい。

最終ステップはマットな赤。存在感があり、こなれた空気感を出すマットな風合い。きちんと輪郭をとって端正に色づけられたその唇は、芯から女を美しく気高くしてくれる。

日焼け止めだけで整えた肌に、赤い唇というミニマムなメイクでも、凛とした美しさとチャーミングな雰囲気が湧き立ち、シャレた空気が出せるのは、マットな赤のなせる技。わたしがいちばん好きな赤の質感でもある。

そしてベージュの口紅もまた永遠。

無意識にずっと特別なベージュとの出合いをさがしている。

ベージュという色は女にときめきと安定をくれる。浄化されたように研ぎ澄まされた透明感、そして品格、温もり、知性。女が「欲しい」と願うものをくれる色。

ただ、ベージュは難しい。やさしいように見えて、手なずけるのはかなり手強い。親近感に手は出しやすいけれど、顔色が悪くなったり、ただの地味な顔になったりと、失敗に終わることも実は多いから、肌づくりをいつもよりしっかりする必要がある。

でも、ぴたりとはまったときの美しさは別格。丁寧に丁寧に守られ育てあげられたようなたおやかさは、他の色では手に入らない。だから、「自分だけのベージュ」を探したい。

ベージュ入門は、まず血色感を含んだベージュで程よくツヤのあるものがいい。直塗りかブラシで丁寧に輪郭を縁取って塗ると、知的かつ女らしい唇に。

次に欲しいのはダークベージュのリップペンシルと、淡いベージュの組み合わせ。

ダークベージュのペンシルで輪郭をとって、中間まで塗りつぶす。そこへ白っぽいベージュの口紅を全体に重ねることで、端正な輪郭と立体感ができあがる。

淡いベージュにしか出せない可憐な透明感は、濃いめベージュの仕込みを輪郭に加えることで、白浮きせず、顔色も悪くならずにつけこなせる。淡いベージュをつけるときは、とくにしっかり肌づくりをして、ベージュに合うコーラルのチークを入れると、透明感と肌の彩度があがって唇がキレイに引き立つ。

最終ステップはブラウンベージュ。ちょっと毒を秘めたような、知的だけど官能的、そんな深みを感じる女っぽさが出せる。ほんのりツヤのあるシアーなものを選ぶのがコツ。唇の幅と同じくらいのコンシーラー用の平筆を使って色をのせると、色むらなくふっくらと仕上がる。

もう甘いだけの可愛さはいらない。女をあげてくれる色だけを選び抜きたい。

赤いリップと

とりまく空気をドラマティックにする赤

この色づきとぷっくり立体感に恋してる

ティントだからおしゃべりも食事もこわくない！　ヴォリュプテ ティントインバーム6 ¥4,300／イヴ・サンローラン・ボーテ

女に自信をくれる赤

鮮やかな赤で肌を白く、唇をふっくら目立たせてくれる。ルージュ ディオール999マット ¥4,200／ディオール

新しく美しい自分に目覚める赤

美しい真紅は永遠の憧れ。ラプソリュ ルージュ C132 ¥4,000／ランコム

映画のワンシーンみたいにドラマティック

セミマットの仕上がりだから、初心者でもチャレンジしやすい。バーバリー リップベルベット 434 ¥3,800／バーバリー

ベージュのリップ

透明感という色気をくれるベージュ

恋がはじまるベージュピンク

ピンクがしっかり入っているから使いやすいベージュ。リップ カラー ピンクダスク ¥6,000／トム フォード ビューティ

つけこなせたら最高の白系ベージュ

ヌードな白系ベージュが凛とした品格をくれる。バーバリー リップベルベット 407 ¥3,800／バーバリー

ぬくっと湿度を感じさせるベージュ

とろりとした絶妙なベージュが大人の色気を後押し。AQMW ルージュ グロウ BR353 ¥3,500／コスメデコルテ

やわらかく、でも凛々しい品格

モチがよくて肌をきれいに見せてくれる大人のベージュ。ルージュ・アンテルディ 3 ¥4,000／パルファム ジバンシイ

LOOK BETTER WITH NATURALLY GROWN EYEBROWS

「眉の毛流れ」で余裕を育てる

エイジングは、何もしないで放置していると一つ一つの輪郭をぼかしていく。これはとても自然で当たり前の変化。今のわたしはこの変化が嫌いじゃない。少しぼけてきたからこその温かみや柔らかさもあるし、うまく利用することができれば脱力感やヌケ感も楽しめる。

もちろん10代、20代のときのほうがハリがあって、どこもキュッとしまっていて鮮明。でも、今の少しゆるんだまろやかな自分の顔のほうが好きだな、と素直に感じるし、完璧じゃないことを許せるから気持ちもラクで楽しいと思う。

たぶん、それは自分の顔のメイクの幅が増えたこともあるかもしれない。顔のパーツが少々薄くなったからこそ、自由にメイクができ、淡いものから強いものまで自由に楽しめる。

それはメイクの技術があるからでしょ、と思うひともいるかもしれない。確かに技術はある。けれど、そんなに難しい技術ではないことも事実。コツさえつかめれば、誰でもこの幅を楽しむことができる。

ちょっとの工夫で、大人の顔をいつまでも美しく保ってくれるパーツ、それが眉。年齢と共に変わり続けていく顔も、眉でバランスをとることができれば、いつまでもキレイでいることができる。

眉は、顔のバランスをとって、印象や顔の濃淡を決定するパーツ。ここがくずれるとキレイは成立しない。でもそれは反対に、ココさえしっかりおさえることができればいいという場所でもある。眉が正解であれば、他のパーツのメイクの出来は、かなりの幅をもってＯＫになる。

眉は髪と同じく、だんだんと細くなったり少なくなったりする。

眉が貧相になると、とたんに顔のあらゆるパーツの老化が浮き彫りになり、貧相で、芯も品も感じられないぱっとしない顔が完成してしまう。

でも、正しい眉を手に入れることができれば、小さくなる目を大きく、フェイスラインのもたつきをすっきり、左右対称がくずれていく顔をシンメトリーに見せてくれる。

そして、年齢とともに深めてきたやさしい顔に、美しい眉だけがもつ凛々しさや知性、品というものをプラスすることができる。

もう自分の顔にがっかりしなくていい。

ここでもう一度、大人の顔をキレイに見せる「眉」の描き方を覚えたい。

細くなった大人の眉は、ナチュラルな毛の流れが見せられるように、少し長めに伸ばしてブラシで毛流れをつくること。もし、過去に抜きすぎて生えてこなくなってしまったなら、リキッドアイブロウペンシルで1本1本リアルな毛を描き足してからパウダーをかけると、自然な毛流れがつくれる。

まつげを育毛できることで話題の「リバイタラッシュ」でも、眉毛専用のものが発売された。わたしもだんだんと毛が細くなってきたので試してみたい。毛根が再生しないまでも、今ある毛を太くしたり、伸ばして毛流れをつくるだけでも、きっと顔が変わる。

とくに眉頭の毛を長く伸ばして立ち上げると、顔が濃く見え、知的な凛々しさをプラスできる。

また、眉を太めにすると顔がフレッシュに見えるとはいえ、まっすぐすぎる眉にしてしまうと顔の立体感が消えてしまうので、自然なカーブを描くことが大切。眉山の下のラインを眉尻まで自然な太さになるように描くと、立体的でありながら知的に見える眉の完成。

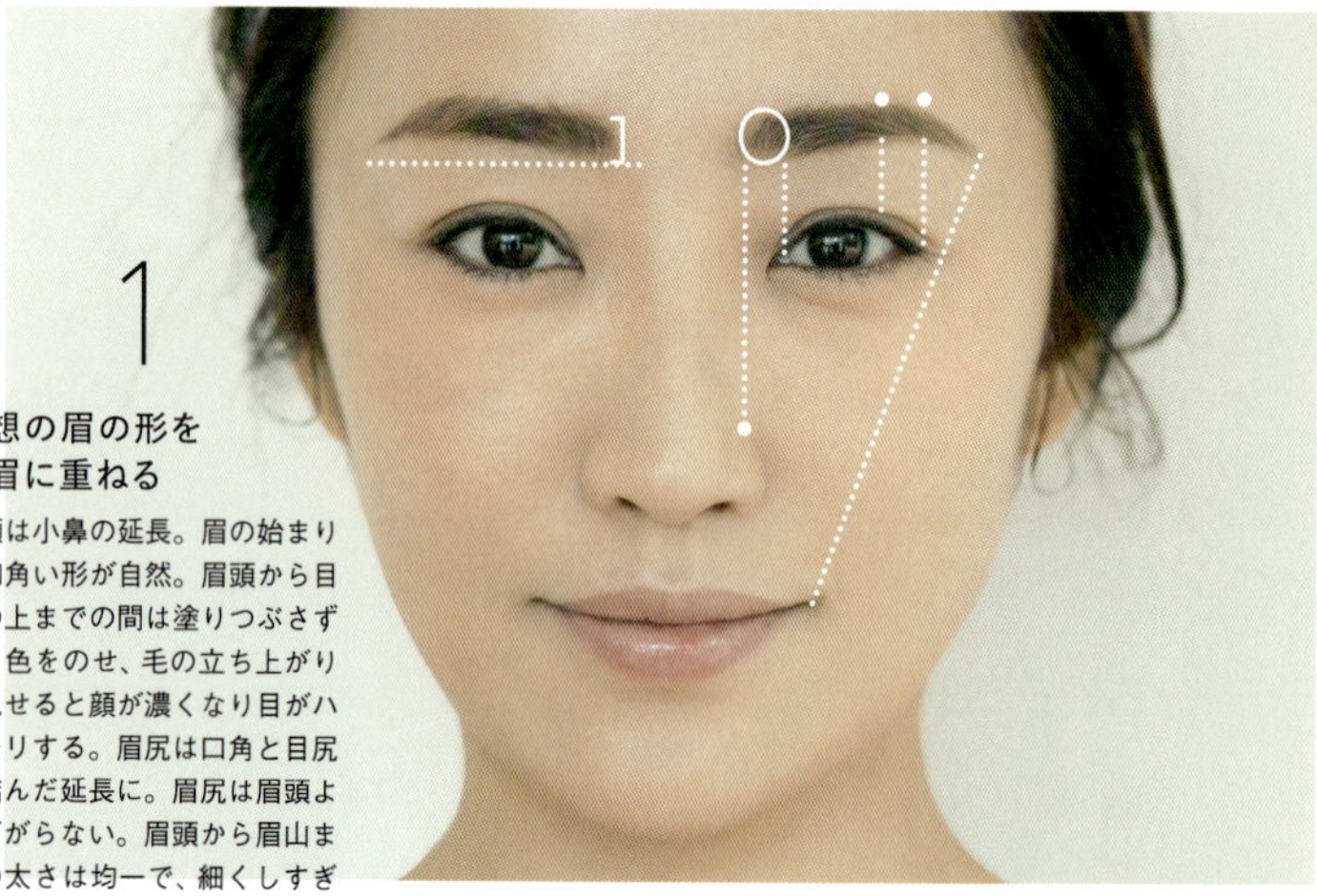

1

理想の眉の形を自眉に重ねる

眉頭は小鼻の延長。眉の始まりは四角い形が自然。眉頭から目頭の上までの間は塗りつぶさず淡く色をのせ、毛の立ち上がりを見せると顔が濃くなり目がハッキリする。眉尻は口角と目尻を結んだ延長に。眉尻は眉頭より下がらない。眉頭から眉山までの太さは均一で、細くしすぎないほうが若々しく見える。

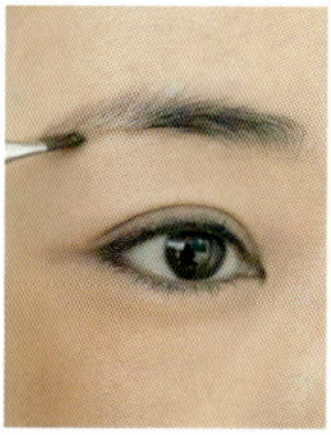

2

眉の下のラインを決める

パウダーで下のラインを描く。下のラインがぶれなければ、顔の印象が美しくなる。

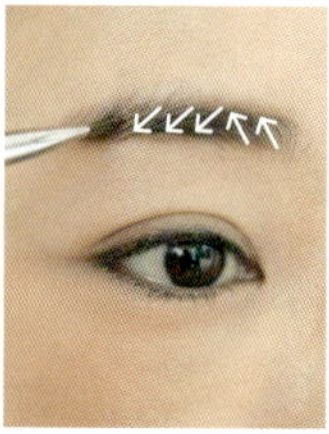

3

色を足す

足りないところをパウダーで毛流れに沿って描く。

4

ペンシルで毛を描きたす

アイブロウペンシルで、足りないところの毛を田植えのように1本1本描き足す。

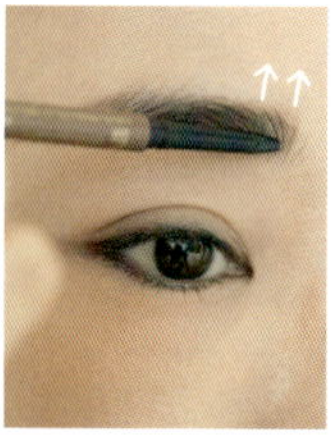

5

眉頭をたちあげる

眉頭は上に向かって垂直に毛を描き足して、ブラシで毛も立ち上げる。こうするとフレッシュな印象に。

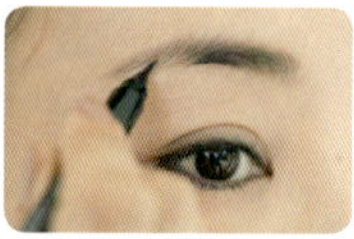

POINT

毛が生えてこなくなってしまった人は、アイブロウリキッドペンシルで毛を1本1本描き足して、全体にパウダーをかけるとなじんで見える。

「満たされた女」になる
ハイライトと
チークの秘密

HIGHLIGHT AND CHEEKS ARE
THE KEYS
TO A HAPPY WOMAN

ある程度の年齢になると、キレイとかキレイじゃないとかよりずっと、「満たされているかどうか」が問題になってくるように思う。

いくら容姿が美しく整えられていても、満たされている余裕や、心の肉厚さが感じられないと、なぜかキレイに見えない。

逆に、ギスギス、カサカサした印象だと、「かわいそうな女」に見えてくる。

本来は1年1年、経験や思いを重ねるたびに、人間性に深みが増して、やさしさがたまっていくもの。けれど、女を取り囲むいくつものプレッシャーやストレスが、女心から潤いを奪っていくように思う。

心の潤いは顔に出る。顔だけではなく、そのひとの空気や匂いとなって湧き立つ。満たされている女の美しさは、心地よく清々しくやさしい。

そんなひとに出会うと、「美しさは年齢ではない」と心から感じることができる。

だからこそ、女は年齢とともに満たされていなければならない。

もしも疲れてしまったときや、プレッシャーに押され気味なとき、心がヘルシーでいられないときには、SNSを見ないようにしたり、思い切って旅に出たりと、バランスを取り戻せる選択肢をもっていたい。

3人の男の子の母となった今、ふらりと旅に出ることはできなくなったけれど、もっと簡単で単純な切り替えを見つけた。家族でアウトドアに出かけたり、お仕事で素敵なひとと会ったときに思い切って心を開いてお話ししたり。

自分にないものや不安を数えるのではなく、持っているものや可能性を数えて、切り替えができるような自分でいたい。そういう気持ちをもっているときに出会うものは、いつだって新しい風を吹かせてくれる。

心と頭の中がパンパンにならないよういつも余白をとり、ささやかな幸せにもちゃんと反応することができるようでいたいと思う。

満たされているとは、なんでももっていることではなく、誰かに愛されていることでもなく、「自分の取り扱い方法」をちゃんと理解して、自分でバランスをとれているということ。

満たされているひとは、透明感と血色感が絶妙に混ざり合った肌色をしている。なにかにワクワクしているような、恋をしているような、なんとも可愛い肌の色。

ナチュラルにそんな肌の色になれるまでは、メイクでその肌を手に入れるというのもいい気がする。そんな肌の自分を見たら、きっとワクワクの気持ちが肌色についていく。そんな誘導作戦もメイクの効能。

必要なのは、みずみずしいツヤと透明感が出せるクリームハイライトと、血色感が出るクリームチーク。

最初にクリームハイライトをスポンジや指の腹でとんとんとまあるく頬に広げ、その上にクリームチークを薄く重ねる。すると、ハイライトのみずみずしい発光感にじんわり湧き出る血色がプラスされ、気持ちをぐんと高めてくれる。

「色をのせてます！」というような、部分的に主張した色のつけかたではなく、「なんとなく色の気配を感じさせる」くらいに広げると、肌の温度が上がって見える。

チークは、あくまで薄く、コントロールカラーのように、肌に血色感と透明感が出るくらいに仕上げると失敗しない。

ハイライトとチークの重ね方

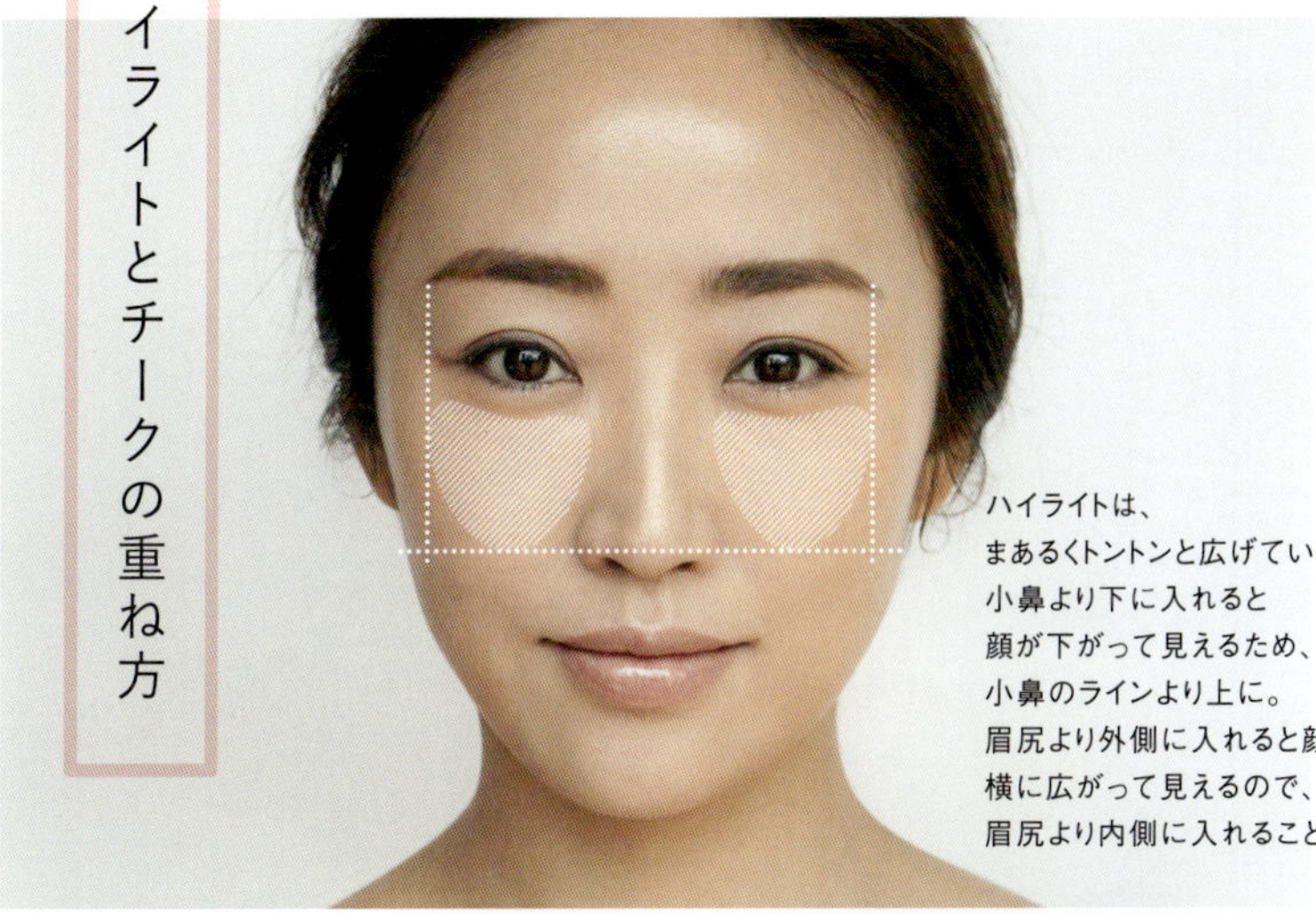

ハイライトは、
まあるくトントンと広げていく。
小鼻より下に入れると
顔が下がって見えるため、
小鼻のラインより上に。
眉尻より外側に入れると顔が
横に広がって見えるので、
眉尻より内側に入れること。

チークは、
最初に置いたところから
なるとのように広げて入れる。
かわいくしたいときは丸く、
大人っぽくしたいときは楕円に、
黒目の下が中心に
なるように広げていく。

チークをやめて女になる

NO MORE CHEEKS, YOU'RE A GROWN WOMAN

どこか幼稚で、「女になりきれない自分」に疑問をもっているなら、チークをやめるというのも手。

日本の女性はチークが好きというのは美容界では有名な話だけれど、これは日本にある「可愛い至上主義」からくるもの。チークは、可愛さをつくる最強の魔法。「可愛い」が大好きな日本人は、みんなチークに恋をする。ほんわり頬にまとうだけで、初恋の頃のような初々しさと愛らしさをくれる。

けれど、大人っぽく、女っぽく、そして洗練を目指すうえでは、チークのさじ加減がとてつもなく重要になる。

大人であるわたしたちに必要なのは、わかりやすい初心《うぶ》な可愛さより、もっと静かでじわじわとくるような温度のある女っぷり。だからチークが目立ちすぎるメイクはダメ。チークを目元や口元より目立たせないよう、うっすらと色の気配を感じるくらいで終わらせる。

パウダータイプなら、チークブラシでふんわりと頬骨に広げる。

クリームタイプなら、指やスポンジで頬骨にやさしくタップしながらだんだんと広げるようになじませる。

ちなみに、大人のチークは小鼻から耳につながるラインより下に入れると、顔をたるませて見せたり、ほうれい線を目立たせてしまうから避けたい。かといって、目元のすぐ下から色をのせると、下まぶたのたるみを目立たせたり、わざとらしさが出るから入れないほうがいい。

目元と唇の間を自然につなぐくらいにしておくと、目、頬、唇、それぞれの色が浮かず、引き立てあうようになる。これは、「肌色」という余白を血色で埋めることで顔を引き締める方法でもある。

もう一つは、色ではなく立体感とツヤで、この余白を埋める方法。おすすめしたいやり方は二つ。

一つは、ベースにピンクやシルバーのクリームハイライトやコンシーラーを、頬骨の高い位置に、少し濃いくらいに仕込むという方法。

この場合、下地↓ハイライト↓ファンデーションの順番。

もう一つは、ファンデーションを塗った後、仕上げにクリームハイライトやパウダーハイライトをのせるというもの。

クリームの場合は手やスポンジにとり、頬骨全体にとんとんとやさしく置いていき、パウダーの場合はブラシにとり、チークよりもっと広めに頬骨全体に広げる。パールの粒子が繊細なほうがキレイに見える。

クリームタイプだと、しっとりみずみずしいうるっとした仕上がりになり、パウダータイプは磨いたようなつるんとした仕上がりになるのが特徴。でも、乾燥しているときやシワが目立つときには、クリームタイプがいい。

色を感じるチークを使うと肌が柔らかく見えて温かみを感じる顔に。ハイライトで仕上げた肌は、質感が出てツヤっぽさや立体感が出るので生っぽい顔に。わたしはこの二つの使い分けを、唇の色によって決めている。

鮮やかな色や深い色の唇のときには、ハイライトやコンシーラーで立体的に仕上げると、くどくならない。

淡い色の唇のときにはうっすらした気配をつくるチークをまとうことで、透明感と華が生まれる。

もともとチークの色を効かせると甘みが際立つ童顔なわたしは、「チーク主役のメイク」をやめることで、今の自分が求めている顔をつくることができたし、余分な甘さを削ぐことができた。わたしの顔の雑音になっていたものはこれだったのかと実感したくらい。

もしかしたら、チーク至上主義のひとには、かなり勇気が必要かもしれない。わたしもはじめたてのときは「何かが足りない」という感覚に不安になった。

けれど、わかりやすい「可愛さ」を削ぐことで、本来持っている女の可愛さや色気、品性というものが見えてくるのも事実。

ピンクの下地で肌に血色感を甦らせておけば、紫外線や肌の糖化で顔色が悪くなってきた大人の肌が、チーク抜きでもキレイに見える。

わかりやすい色のチークはもう卒業。とってつけた可愛さではなく、自分自身から湧き出るような「キレイ」を目指したい。

もう、わたしたちは、「女の子」ではなく「女」になるべきだと思う。

「今日のわたし、いいかも」と思わせてくれる
大人に効くコスメ

Items _ 大人のためのコスメ1

1 ほっぺがまあるく つやんとなる

チークにもリップになるマルチアイテム。ポット ルージュ 24 フレッシュメロン ¥3,800／ボビイ ブラウン

2 くすんだ日でも これさえあればOK

肌に溶け込んで自然な血色感をだしてくれる。カラーリングシアーチークス01 ケース ブラシセット ¥5,000／ルナソル

3 自分の肌はまだキレイ と思わせてくれる

揺らぐ大人肌を整えてピンクのカラーでキレイに見せてくれる下地兼乳液。スノーブルーム パーフェクト 30ml ¥12,000／ディオール

4 ぷくうる感で いい女の顔になる

ティントリップとバームのいいとこドリ！ヴォリュプテ ティントインバーム1,8 各¥4,300／イヴ・サンローラン・ボーテ

5 顔の鮮度がグッと 上がるオレンジ

塗った瞬間に顔の鮮度が上がる鮮やかなオレンジ。エクストラ グロウ リップスティック 12 ¥4,000／スック

6 顔全体がきゅんと 引き上がる

肌を引き締めてくれる輪郭矯正ファンデ。タイトフィルム ファンデーション PRO SPF32／PA+++ 30g ¥6,000／アルビオン

Items _ 大人のためのコスメ2

1 忘れられない まなざしに

絶妙なニュアンスカラー。メズモライジング パフォーマンス アイライナーペンシル 06,07,08,09,12 各¥3,000／スリー

2 こなれた女に なれるブラウン

捨て色なしのパレットだから、単色使いでアレンジ可能。コンプリートアイパレット 02モカ ¥6,200／バーバリー

3 肌が透明になる 伝説パレット

色ではなく質感で存在感を上げるワントーンメイクの定番。スキンモデリングアイズ 01 ¥5000／ルナソル

4 立体感、深み、ツヤ、すべて手に入る

発色がよくよれずにモチもいい。シーンによっては多めに重ねても◎。AQMWアイグロウジェム BR380 ¥2,700／コスメデコルテ

5 印象的で しなやかなまつ毛に

ダイヤルを回してほしいボリュームをチェンジ！ ラッシュ パワー フラッター トゥーフル マスカラ ¥4,000／クリニーク

6 ドラマティックな 顔になる1本

濃密カラーが8時間続く仕上がりの美しいリキッドリップ。バーバリー リキッド リップベルベット 37 ¥3,800／バーバリー

CHAPTER 3

HAIR

髪で女の艶を守り抜く

女の寿命をにぎる髪

HAIR IS THE KEY TO YOUR WOMANHOOD LONGEVITY

40代、50代、60代、70代と、年齢を重ねてもなお美しいひとの共通点は髪。豊かでつややかな髪は、なによりも女をみずみずしくするものだと思う。

髪は女の運命をにぎっている。大げさではなく本当にそう思う。

髪のツヤは、女をとことんツヤめかせるし、髪のガサつきは、女をどこまでもくたびれさせる。それがいたいほどわかるから、美容のなかでも一番、時間もお金も心も捧げてきた。

わたしの髪は美しくない。硬くて、多くて、太くて、くせ毛。加えてガサガサとしたドライな質感は、もう何十年もキレイの邪魔をしてくれた。

ガサついた髪は肌を粗く見せるし、中途半端にうねった髪は、清潔感や品を容赦なく削いでいく。広がりやすい髪は、頭を大きく見せることにもなる。

髪が決まらないと服も顔も決まらずやぼったくなるし、なにより存在自体の透明感を奪っていく。

でも、撮影やサロンで髪を美しくしてもらったとき、天気や洗い方のバランスがとれて髪が柔らかくツヤめいたときは、とたんに肌も顔もすべてが別人級にキレイに見えて、自分を「ちょっといいかも」と思える。

こうして何十年もかけてやっとわかってきた自分の髪の取り扱い方法は、そんな「ちょっといいかも」の日を着実に増やしてくれている。

だからこそ、正直髪の老化が怖い。

よく男が集まると、髪が薄くなっただの、誰々がハゲただのという話になるけれど、「そのときは潔くハゲればいいでしょ！」と言いたくなる。そうはいかない女こそ、よっぽど切実な問題なのだ。

だってシワやたるみのように、生きている証だと受け入れるには難しい。生え際の数本の白髪が放つ老いの空気、トップや生え際が薄れてきたときのしおれ感。「女」という色が褪《あ》せていくような切なさを感じてしまう。

10年、20年先の自分を思い描いたとき、自分の髪はどうなっているだろう、どうなっていたいだろう、と考える。

わたしの行き着いた理想は「島田順子」。ロマンティックな白髪を粋にくるんとまとめて、ヒールやデニムを履きこなしていたい。まだまだ続く「女という楽しみ」を余裕で謳歌していたい。

だから、髪にはこれまで以上の時間と手間を注いでいきたいと思う。

髪のツヤを全身に伝染させる

LET BRIGHTNESS
OF YOUR HAIR
SPREAD ALL AROUND
YOUR BODY

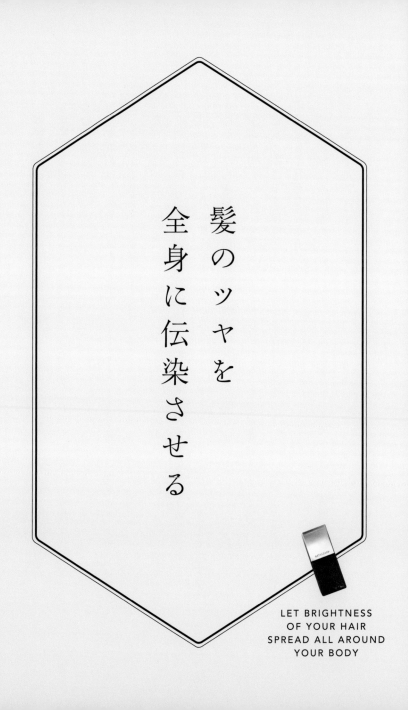

年齢を重ねていく過程で大切にしたいのは、「年の見せ方」だと思う。年齢は、隠すとたんに気味が悪くなる。かといって何もかも赤裸々に見せすぎるのは美しくない。

重要なのは、生きてきた足跡と、はっとするような美しさが混じり合っていること。それがよりリアルな美しさを引き立てるのだと感じる。

たとえば、お世話になることの多い、ある雑誌の編集長。わたしより10歳ほど年上の女性なのに、お会いするたびにそのチャーミングな美しさにうっとりする。担っているものの責任を感じさせる凛々しい佇まい。男たちと肩を並べて戦ってきたたくましさも感じる。けれど実に可愛らしく美しい。主人の「ほんと、チャーミングな方だよね」の言葉にも、首が折れそうなほど頷いてしまう。

彼女の隣には素敵な男性がいるのを容易に想像できるし、それがとても自然で、可愛らしく見えることもわかる。

一つの雑誌の命運をにぎっているという責任と、それまでの経験をもってしても、相手を威圧するような「すごみ」というものがまったく出ていないこと。お会いするたびに、その可愛らしさが増していること。どれもわたしをときめかせてくれる。

その方のチャーミングな空気は、いったいどこから湧き立っているのだろうと観察したときにわかった。

うっとりするような「髪のツヤ」と「温かみが見える顔」の組み合わせだった。

顎ラインでサラサラにそろえられたボブの髪は、根元から毛先まで潤いとツヤで満たされていて、そのうっとりさせるツヤ髪が、笑うとやさしく出る目尻のシワや表情の柔らかさと混じり合い、生まれてくる表情のどれをもツヤの光で潤わせている。髪のツヤは、こんなにも大人の女を素敵に見せてくれるものなんだと実感する。

本来、髪のツヤというものは、年齢を重ねるほどになくなっていく。

それは、加齢によって女性ホルモンの分泌が急激に減少するから。すると、髪質が変化してしまう。わたしでいえば、キューティクルも開きやすくなっているように思う。

キューティクルが開きやすくなると、受けたダメージが内部まで浸透して、髪がパサつき、ツヤがなくなる。髪は自己修復能力がないからこれを繰り返し、ひたすらツヤのない髪へ向かっていくという悪循環につながってしまう。

もう一つは肌と同じように、地肌の血行が悪くなって毛穴が歪むことで、髪に栄養が行き届かなくなることと、毛穴が歪むことで髪にうねりが出てしまうこと。うねった髪は、光をキレイに反射できずにツヤが出にくくなってしまう。

対策としては、カラーやパーマ、アイロンなど、髪を傷めるものとのつきあい方に気をつけること。

たとえば一度にパーマとカラーをするのは、髪へのダメージがかなり大きいから避ける。今月はパーマとトリートメント、来月はカラーとトリートメント、といった具合に、一度に受けるダメージを減らすほうがいい。

家でも、使うたびに髪に負担をかけるアイロンやドライヤーを、できるだけ髪の美しさを育てるものにシフトする。

濡れた髪はキューティクルが開いて傷みやすくなるため、なる早で乾かしたほうがいい。だから、わたしがドライヤーに重視するのはとにかく風量。美容院のようにすぐに乾く風量の多いものを使っている。その後、余裕があれば「ヘアビューザー」のような、使うほどに髪が潤う育毛系のドライヤーを仕上げに使う。

紫外線もダメージが大きいので、外出時には髪や地肌を守るオイルやUVカットアイテムをできるだけまとうようにしている。帽子や日傘といったアイテムも併用するとより効果的。

血行を促進するためにおすすめなのは、頭皮マッサージ。シャンプー前にブラッシングをすることで、汚れが浮いて落ちやすくなるし、クッションブラシなどで地肌をマッサージすることで、髪の質やツヤが変わってくるのを実感できる。

自分の指では大変だけれど、ブラシならそれも簡単。「アヴェダのパドルブラシ」や、「アッカカッパのプロテクションブラシ」は、頭皮にしっかりとした刺激をくれるブラシなので髪にツヤを出してくれる。

地肌を前から後ろにブラッシングしたら、次は後ろから前へ。最後にまた前から後ろにとかすようにすると、血行がよくなるのを実感できる。

コンディショナーだけではなく、内部まで浸透するトリートメントをホームケアに取り入れることも重要。根元には塗らず、毛先から中心までなじませたら、髪を細い毛束にしてくるくるとねじったり、粗いコームでとかすと、より浸透力がアップ。その上からホットタオルで髪を包んで10分置くだけでも、生まれ変わったようなツヤが出る。

今すぐにツヤが欲しいというときに使うのは、ツヤ出しとトリートメント効果のあるスプレー。潤って見えるヘアカラーとあわせて、できるだけツヤが出るようにしている。

スプレーするときには、重い質感のものを全体にかけるとベタッと重くなってしまうので、中間から毛先にふんわりかけるのがポイント。スプレーしたら手ぐしでなじませると、表面だけでなく動いたときも全体的にツヤが出る。

最近のわたしは、地肌のＵＶケアができると評判の「アデノバイタル ルートスプレー」をトップにつけ、高さとボリューム感を出している。頭皮のＵＶケアをしつつ、髪もふんわりと仕上がるので、大人の女にこそオススメ。

Items _ ツヤ髪をつくる厳選アイテム

スタイリングに!

どんな髪もちゅるんつやん!

使うほどに潤い、ツヤを出す髪を育ててくれるヘアアイロン機能搭載の美容機器。ヘアビューロン[ストレート] ¥35,000/バイオプログラミング

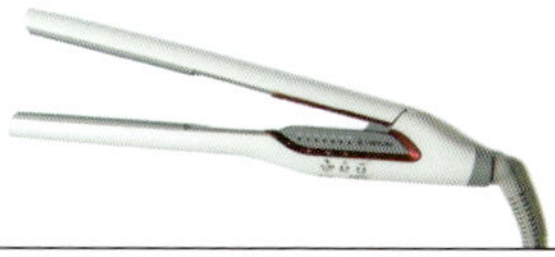

いつでもどこでも!

触れたくなるほど柔らかくなる!

美容師さんやヘアメイクさんからも大人気の使うたびツヤを出してくれる定番ブラシ。ハンディブリッスル ¥19,000/メイソンピアソン

仕上げに!

ツヤの出にくいわたしの髪もツヤツヤに!

マスキング効果もあるからストレートスタイルの外出に必須。指通りなめらかに。ジュウロクユツヤスプレー 180g ¥2,200/ハホニコ

頭皮の刺激に!

とかすと髪も顔も美しくなる!

ナイロン素材のループ状ブラシが頭皮を刺激して、めぐりを改善。プロテクションブラシ946 ¥4,800/アッカカッパ

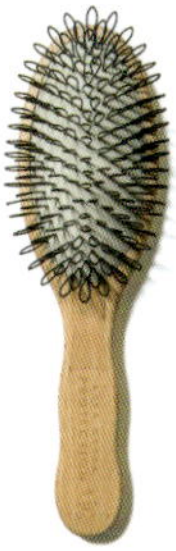

髪の栄養補給に!

スカスカだった髪がぎゅっと詰まる!

トリートメントの前に髪の土台をつくる贅沢なエッセンス。イイスタンダード ヘアセラム 120g ¥2,800/サンテック

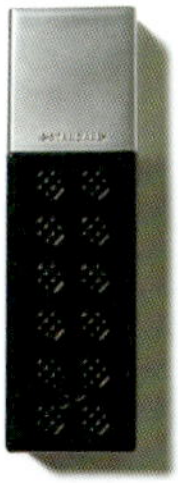

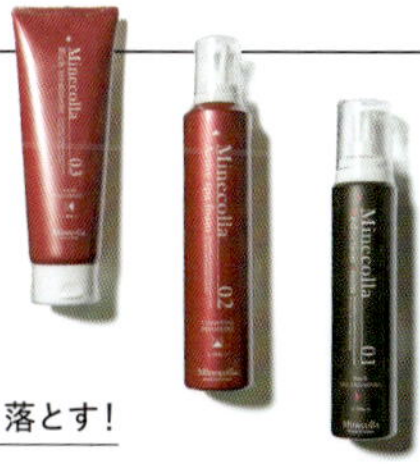

汚れを落とす!

髪が潤いで満たされる3STEP

クレンジングして洗って潤すまでの3ステップのセット。ミネコラパーフェクト3 ¥14,000/アヴィナス

FORE HAIR AND SIDE HAIR CAN REMAKE YOUR FACE LINE

フェイスラインの悩みは「前髪」「横髪」でどうにでもなる

伸ばすと切りたくなり、切ると伸ばしたくなる前髪。

前髪のあるなし、長さやデザインで顔が面白いほどに変わるし、間違うだけで、顔のバランスも全体のバランスも一気に変わってしまう。少し変えるだけでまるで別人になってしまう前髪のバランスは、年齢を重ねるごとに重要になってくる。

それは、年齢とともに顔の形が変わるから。そして、髪が細く少なくなることで、ハリがなくなったりクセが出てきたりして、首から上の印象が華を失い寂しげになるから。しぼんでいく顔や髪に合わせて上手に顔まわりの髪を変化させているひとは、やはりいくつになっても美しいと思う。

最近の自分に、なんだかしっくりこないと感じたり、何年も同じ髪型でいるひとは、ここでもう一度自分の顔のバランスを見直してもいいと思う。

顔がしぼんできたと思うひとや、顔の印象が寂しげになってきたと感じるひと、目の印象がぼやけてきたと気になるひとは、前髪をつくって顔に丸みをつくったり、フェイスラインに動きを出して、華やかな空気を足すほうがいい。

前髪を目のギリギリにすると目が強調されるので、寝ぼけて見えたパーツがくっきり見える。おでこに目立つシワがある場合も、前髪で隠すだけでかなり印象が新鮮になる。

フェイスラインのたるみが進んで面長になってきた場合も、前髪をおろしたり、長めの前髪をサイドに流して縦長の印象を横切るラインをつくるだけで、顔がキュッと小さくなって、印象年齢が数年分は巻き戻る。

わたしの顔型は丸。丸顔で顔の甘さが強いひとが前髪をつくってしまうと、「若づくり」「痛々しさ」が生まれてしまうので前髪はつくらずにいるけれど、実は顔が太る、痩せるの変動や、年齢からくる顔型の変化にあわせて、常に前髪やサイドの髪の長さやラインを変えている。

最近は顔がたるんで少しずつ面長になってきたので、顎くらいの長めの前髪をつくって、リップラインに動きが出るようにした。

頬の高さのサイドのシルエットがふんわりするようスタイリングをして丸みをプラスし、寂しげな印象にならないよう調整したり、顔まわりにおくれ毛が出るように短い髪をつくり、顔の形をカモフラージュしたり、ニュアンスが出るようにしている。

また、たるんできた顔の輪郭を目立たせないために、フェイスラインに髪を沿わせるのも効果的。潔いまとめ髪も素敵だけど、顔全体をくっきり見せると輪郭は丸見え。でも、前髪や顔まわりに少し毛束を落としてフェイスラインをカバーすると、ニュアンスが出る。

ポイントは、前髪で額の両端を隠すようにしながらおでこを三角に見えるようにすることで小顔にし、毛先がふわりとフェイスラインに沿うようにすること。これなら、5分で輪郭矯正ができる。

自分の顔がもつ印象や重みを知っておくことも、美しく年齢を重ねるために必要なことだと思う。

顔まわりの髪で理想の輪郭に

Before

輪郭が丸見えで
頬のたるみやパーツの
ボケが目立つ。

After

顔まわりの髪で輪郭を
調整。コケたところに
ふんわりボリュームを出し、
たるんだ部分は髪で隠す。
顔に立体感が出て
首も華奢見えする。

HOW TO GO HAND IN HAND WITH GRAY HAIR

白髪と楽しくつきあう方法

白髪というのは、どうしてここまで女心を萎《な》えさせるのだろう。たった数本だというのに、それを見てしまったときには、いつだって「はっ」となる。たかが白い髪。されど女にとってその白髪の脅威といったら、経験したひとなら誰もが共感できることだと思う。

でき始めはまだいい。寝不足やストレスでいったん出現するけれど、調子がいいときにはいつの間にか見えなくなったり、途中から髪色が黒く戻る。

それが、年齢を重ねるにつれてだんだんと体調に関係なく、そこに当たり前のように生息するようになってくる。それも日に日に数を増やして。髪をかき分けたときに見えるくらいだったものが、じりじりと面積を広げ、生え際や分け目に目立つようになると、白髪が定着。

そしてここからが長い。ほとんどの髪がロマンティックなグレイに染め上がるまでずっと続く。きっと20年以上。

黒に白がちらほらと交じる姿は、お世辞にいっても美しくはない。男性なら、それは「渋み」や「不精な色気」になるけれど、女の場合はそうはいかない。その色むらがあるだけで、肌からも顔からも雰囲気からも潤いを奪って、別人のようにしてしまう。

美容ライターや編集の友人たちは、職業柄、年齢不詳な美しさを湛《たた》えているひとが多い。けれど締め切りに追われているときは生え際が真っ白に染まる。これはストレスに寝不足、そして手をかける時間のなさが原因。

このときばかりは、別人。浦島太郎の話を思い出してしまうほどの変貌を遂げ、一気に10歳は老けて見える。そのたびに、白髪の恐ろしさを痛感する。

40歳まで白髪がなかったわたしも、さすがに最近はチラホラと白髪を発見するようになってきた。これを目にするたび、女の生気を吸い取られていくような感覚になる。

実は、これが一番厄介。自分で自分のことを「老いた」と感じてしまうこと、女として「ついに乾いてきてしまった」と自覚してしまうのが一番怖い。

この自覚が体中に浸透してしまうと、いたるところが老いてくる。「心の老い」ほど女を傷めてしまうものはない。だからこそ目立つ部分の白髪は隠したい。

白髪の大きな要因のひとつは遺伝。

もちろん両親が白髪だからといって、必ずしも白髪になるとは言い切れない。けれど可能性は高まるので、なるべく早くからケアを始めたい。

始めるべきは、まず頭皮のケア。毎日の日課としてマッサージをすること。加えて頭皮の汚れや毛穴の汚れをしっかり落とすためのクレンジングも取り入れたい。

今まで一度も頭皮のクレンジングをしたことがないというひとは、自分では取り除ききれないことも多いので、初回はヘッドスパなどのプロのクレンジングをおすすめしたい。毛穴の汚れがとれるだけではなく、血行がよくなることで、栄養をしっかり行き渡らせることができる。頭皮の血行がよくなると、顔のくすみやむくみまで解消される。

頭皮の細胞を活性化させるアイテムを、インバスやアウトバスでのケアに取り入れるのも効果的。わたしはシャンプー、美容液、日中の頭皮スプレーは白髪抑制に効果があるものを使用している。そのかいあってか、白髪や抜け毛が多いとされる産後も、深刻な悩みにはならなかったと自負している。

もう一つ白髪の大きな原因となるのは、わたしたちと切っても切れないストレス。ストレスを受けると、自律神経の働きが乱れ、髪を黒くする機能が低下する。ストレスによって発生した活性酸素が、髪を黒くする細胞を破壊することで髪が白いままになってしまうらしい。

毎日いろいろなストレスを受けて戦っているのが女。ストレスを受けないわけにはいかないなら、ストレスを溜め込まず、蓄積させないような工夫をしたい。

お風呂などのリラックスタイムをつくることはもちろん、なにより「白髪がある」ということ自体が大きなストレスだから、早く染めて見えなくする。

市販の白髪染めは髪がバリバリにかたくなってしまうのであまりおすすめはできないけれど、なかなか美容院に行けないときには、白髪隠しのファンデーションやマスカラで一時的に隠すこともできる。「THROWのヘアカラーコンシーラー」は、手早く使えて便利。

どうしてもセルフで白髪染めをするなら、根元だけを染めるのがいい。市販の白髪染めは強いため、毛先まで入れてしまうと、毛が傷むと同時に明るい髪色やなりたい髪色のカラー剤が入りにくくなる。サロンなら、目立つ根元の白い部分だけは白髪染めで、それ以外は通常のカラーリング剤というように塗り分けることもできるので、白髪はできるだけプロに頼みたい。

抜くと白髪が増えるという話があるけれど、それは嘘。でも、抜いていると、毛根が傷ついて新しい毛が生えなくなったり、周りの毛穴にも悪影響が出たり、雑菌が入ってしまう可能性もあるので注意が必要。

わたしの場合は、今はまだ数本なので、セラムやマッサージなど育毛ケアとあわせてのりきっているけれど、今後、輪郭の生え際や分け目にもっと白髪が増えてきたら、カラーリング剤も白髪染め用のものにシフトするか、もしかしたら髪の色を変えるかもしれない。白髪の存在が目立たないよう、全体を白髪なじみのいい明るめの色にしたり、グラデーションやハイライトをさりげなく入れるようにする。

全体をきっちりダークな色にしてしまうとコントラストが目立ってしまうので、毛根から毛先に向かってグラデーションにしたり、ハイライトのように筋で明るい色を入れると、伸びてきた白髪をなじませて目立たなくすることができる。

ハイライトは白髪を目立たなくするだけではなく、髪に立体感が出て、まとめ髪にしたときにもなんとも美しい色合いになるのも魅力的。重くなりがちなダウンヘアにもヌケと動きを出してくれる。

ネガティブ要素を逆手にとってキレイに変えることは、とても楽しい。余裕のある変換ができるようになるのは、大人の女の証拠。

Items – 白髪対策アイテム

できる限りツヤめく
髪でいたいから

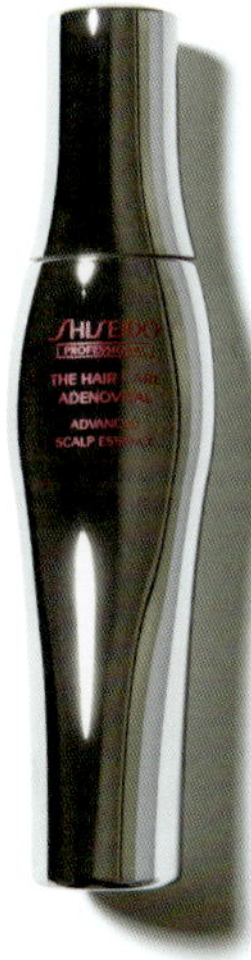

40代の今でも黒髪なのは このエッセンスと出合えたから

1日2回の発毛ケア。ザ・ヘアケア アデノバイタル アドバンスト スカルプエッセンス 180ml ¥7,000／資生堂プロフェッショナル(株)

頭の形を美しく 見せながらUVケア

頭皮を紫外線から守りつつボリュームアップ。ザ・ヘアケア アデノバイタル ルートスプレー 150g ¥2,800／資生堂プロフェッショナル(株)

マッサージで髪も顔も 運命も変えてくれる

シャンプー前に頭皮につけてマッサージ。ビロードオイル アーバンアーユルヴェーダ 30ml ¥4,800／アマータ

いつまでも華のある 女でいたいから

スプレーし、頭皮を活性化する。ローランド オーガニック ウェイ ヘアロス レメディ 100ml ¥6,000／アラミック

しおれた髪も気持ちも 立て直す頼もしさ

豊かな髪を育む頭皮用のエッセンス。医薬部外品。ステムノワール 170ml ¥6,000／コスメデコルテ

HAIR VOLUME
BRINGS DIGNITY
AND GRACE

ボリュームは品格を生む

年を重ねるごとに必要になってくるものがある。それが「品格」。高価なものを身につけたり、着飾ったりすることではなく、たとえば裸になったときにも確かに感じることができる「生き物としての気品」。

それは取り繕ってまとえるものではなく、いい生き方をすることで自然と身についてくる香りのようなもの。それを握っているのが「ボリューム」なのだと思う。

髪も同じように、「いい量感」を感じさせるひとには、女としての豊かさを感じる。反対に、ボリュームのないペタンとしたコシのない髪が目についてしまうと、本当はどうであれ、とたんに貧相に薄く、安っぽく見えてしまうのが女。

顔周りの髪のボリュームは顔を立体的に見せてくれる。しぼんできた顔をふっくらと、たるんだ顔を小さく見せる。幼く、小さくまとまりがちな日本人の顔をエレガントに、そして存在感という華をくれる。首を長く見せたり、鎖骨をキレイに見せたり、全身のバランスをよく見せたりと、細かくあげればいくつも並び続けるくらいその効果はかなりのもの。

一説によると、日本人に一番似合う長さは鎖骨くらいらしい。鎖骨を強調することで首が長く見えたり、デコルテを美しく見せたりもできる。女っぽすぎず凛々しすぎず、大人の女性をバランスよくしてくれる。ただし、ストンとまっすぐな髪ではなく、ふんわりしたニュアンスが必要。

わたしが心奪われるのはフランスの女優のように絶妙なボリュームとヌケ感のあるたおやかな髪の持ち主。ヨーロッパの女性は髪の空気感をつくるのがとても上手い。

ストレートでもウェーブでも、アップでもダウンでも、その絶妙なボリュームと脱力感のバランスに、いつもうっとりしてしまう。

もともと真面目な気質の日本人は、髪もぴたりと隙なく仕上げてしまう傾向が強い。これが顔を大きく、地味に、重く、そして老けやアラを目立たせてしまう敗因。

これからは、ヨーロッパの女を見て学びたい。わたしはとくに美のプロに鍛え上げられた女優の画像を見て、研究することを心がけている。

ポイントはトップの高さを出すことと、顔の横の髪が毛先にかけて顔を包み込むようなニュアンスとボリューム。そして後頭部のふくらみ。とくにフェイスラインに沿うようなサイドの髪は、年々増していく二重顎や頬のたるみといった横顔のエイジングサインを、実に美しくカモフラージュしてくれる。

髪を乾かすときには根元がぺたんとしないよう空気を入れながら乾かすこと。

仕上げがストレートでもウェーブでも、トップは分け目がパキンとしないよう、大きく右分けにして乾かした後、同じように左分けにして乾かして、根元を立ち上げる。後頭部の髪もペチャンコだと寂しく見えるので、生えグセで分かれたりしないよう、ふんわりと仕上げる。

ストレートで仕上げるときでも、根元を立ち上げるだけでなく、毛先を大きめのアイロンでワンカールして指で散らし、少しボリュームを出す。

ウェーブのときには、外巻きと内巻きをミックスし、頭を逆さにして、ぐしゃぐしゃと頭を洗うように空気を入れてほぐしてから、頭を起こしてシルエットを整える。

アレンジするときにも、ウェーブと同じようにベースに巻きを仕込んでからつくると、ボリュームとヌケ感のある仕上がりに。これはボブでもショートでも同じこと。毛先をワンカールさせるだけで、柔らかなボリュームと立体感が出せる。

年を重ねるごとにエレガントな女になりたいから、ボリュームづくりは習得しておいて絶対に損しないテクニックだと思う。

大人のヘアスタイル 1

まろみを感じさせるストレート

Back

Side

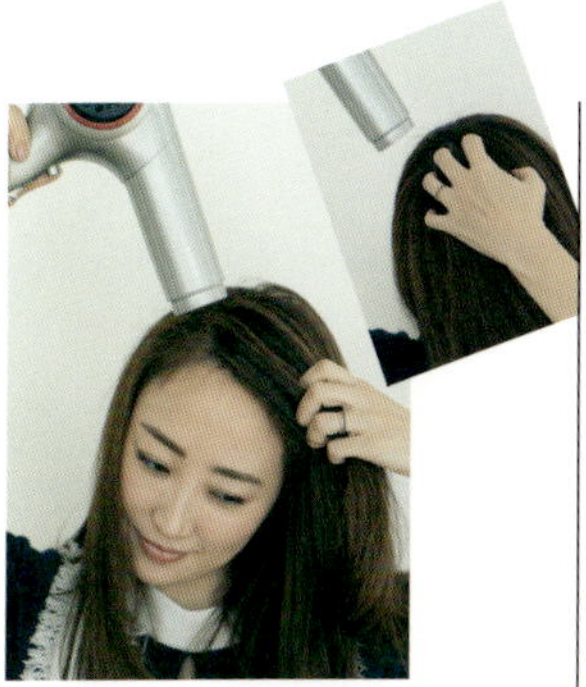

1

髪の根元がぺたんとしないように、
大きく右に分けて根元にドライヤーを
あてて立ち上げ、左側も同様にする。
後ろも頭頂部の髪を前にもってきて、
後ろからドライヤーをあてて
根元をふんわりさせる。

2

全体を二つにブロッキングして、
ストレートアイロンで伸ばす。
根元の方からしっかり伸ばすと、
全体にツヤが出る。

3

アイロンで毛先を挟んで
軽く巻きこむと柔らかさが出る。

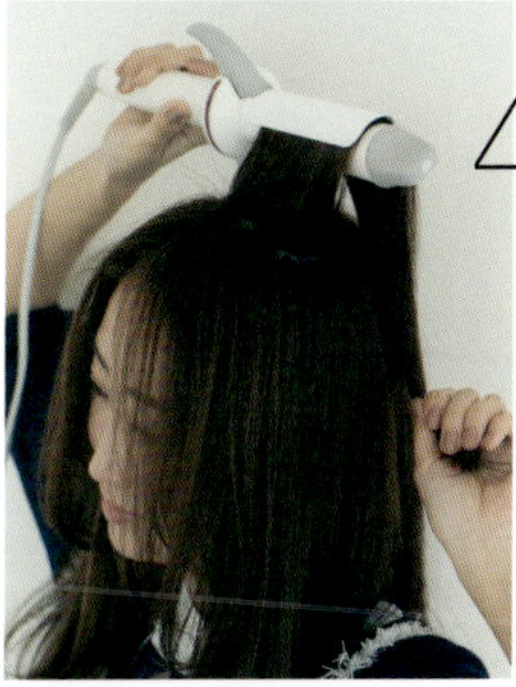

4

後頭部は上に引っ張りながら
後ろにむけてアイロンをかけると、
ボリュームが出てくる。
ツヤ出しスプレーをして完成!

POINT

大人は、毛先までまっすぐのストレートにすると、毛先の傷みや
スカスカ感が目立ち、やさしさや華がなくなることも。少し巻きを加えて
丸みとツヤを出すことで、大人ならではのまろみが出る。

大人のヘアスタイル 2

余裕を感じさせるウェーブ

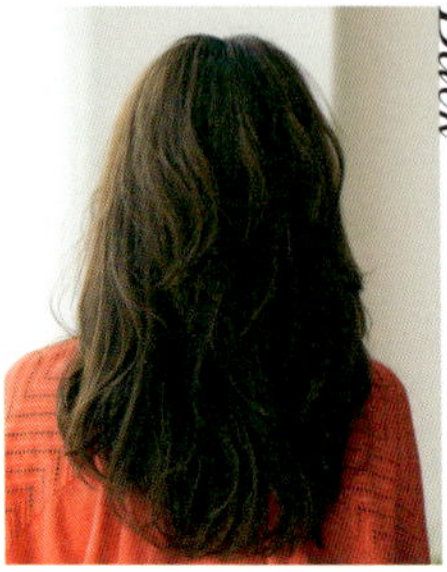

Back

Side

1

全体を巻く前に、毛先だけ
ブロッキングせずにラフに巻いておく。
あまりカールをつけようとせず
軽くでOK。

2

トップ、耳より上、耳下で、
全体を三つにブロッキングする。

3

中間くらいからアイロンで挟み、
巻いていく。このとき毛先を
逃して巻くことで、毛先が
くるりんとしないウェーブができる。
顔周りは外巻きに、次は内巻きにと、
交互に巻いていく。
顔周りを内巻きにすると急に
コンサバになるので気をつけて。

4

全体をほぐして完成。
毛先を巻きすぎないことで、
カールを抑えた
「大人のゆるいウェーブ」ができる。

POINT

前髪の根元だけは、下に引っ張りながら巻くこと。
額の両端とこめかみを隠し、おでこが三角に見えるようにすると、小顔になる。

大人のヘアスタイル3
力の抜けたひとつ結び

Back

Side

1

耳下のラインで髪を二つに
ブロッキングし、耳より下、
襟足の生え際が少し見えるくらいで
土台の髪を結ぶ。

2

残りの髪を上から被せるようにして、
同じ場所でもう一度ゴムでひとつに結び、
頭頂部の髪を少し引っ張って、
後頭部の形を整える。

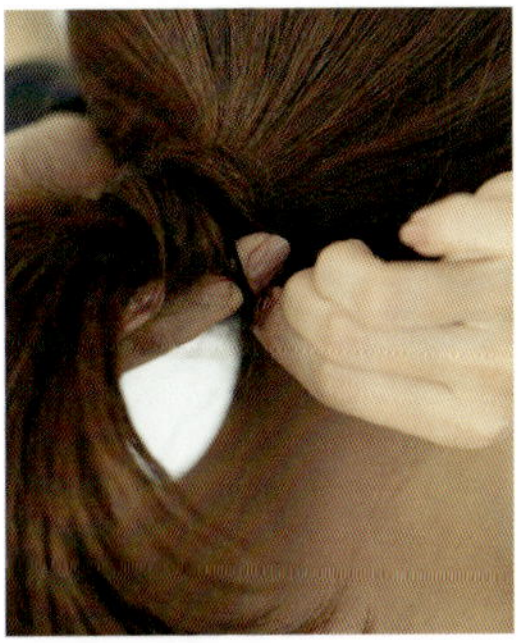

3

結んだ毛束の一部を
ゴムの周りに巻きつけて隠し、
毛先を下側のゴムに巻きこんで隠す。

4

前髪が長い場合も、
後ろでひとつにまとめるのではなく、
毛先だけゆるく巻いて垂らすことで、
フェイスラインをカバーしながら
ニュアンスのあるひとつ結びになる。
毛先がまっすぐだと
生活感が出てしまうので、
必ず少し巻いておくこと。

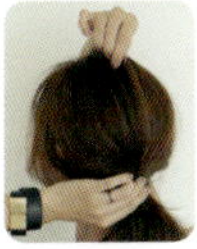

POINT

後頭部のボリュームをきれいに出すには、トップの髪を、3〜4センチおきに少しずつ引っ張るといい。引っ張るときには上から被せた髪を引っ張ること。結び目をしっかり抑えながら引っ張ると、崩れずに後頭部のボリュームが出せる。

「存在感」という髪の色

HAIR COLOR THAT APPEALS PRESENSE

ずっとこだわっていたベリー色の髪を40代に入ってから変えた。赤みのある色が好きだったのは、くすみがちなわたしの肌にツヤと透明感をくれるから。そして、少し感覚にひっかかるような「トゲ」や「毒」のようなものが欲しかったから。

今でもベリー色はとても好きな髪色。けれど40歳になって、もっと本来の自分に近い色にしたいという思いが強くなった。それは張っていたものがゆるっとほぐれるような、今までカーブして見えていた道がすっとまっすぐな道になったような感覚。自分をつくりこまなくていいというのは、こんなにも力みを解いてくれるものなんだなと実感している。

髪色はそのひとの存在感を決めるようなもの。透明感のある髪はそのひとを透明感のあるひとに。黒髪はにごりのない凛々しいひとにしてくれる。

今の髪はフォギーベージュ。まろやかさと透明感が出るように色をつくってもらっている。ドキッとするような主張のある赤のツヤめきではなく、もっと柔らかでやさしいツヤ感が今は欲しい。季節の光や変化する肌の色に合わせて、少しピンクを混ぜたりグレイを混ぜたりの調整はするけれど、これから先は当分これくらいの色味の中で楽しむ予定。

今の髪色に変えてから、発見したことがあった。それは、顔の印象が凛々しくなること。甘さや華やかさがほどよく削がれた髪色は、ビターな色の額縁となって、顔のパーツそのものの存在感を際立たせ、全体を凛とさせる。それが今の年齢や意識とぴたりと合ったことで、より自分が思い描く理想に近づくことができた。まだまだピンクのリップや甘めの服を大人の可愛さで着こなすためにも、髪の色で甘さを削いで、全体のバランスを調整。おかげで服を着たときの印象も軽やかに、ヌケ感も出せるようになった。

同時に、年齢相応の落ち着きが手に入った。モテや美容についてお話をしていると、浮ついた印象をもたれることが多くあった。それがわたしのストレスの一つでもあったので、解消できつつあることがまた、心を軽くしてくれている。

加齢とともに内部がスカスカになりがちな髪は、極端に明るい色にしてしまうとドライな質感が出やすく、清潔感を削いでしまうので要注意。スカスカでツヤのない髪は肌をくすませ、シワや毛穴を目立たせてしまう。ツヤっぽく潤いで満ちて見えるよう、大人の女にはある程度の色の濃度が必要。

自分だけの髪型という自信

YOUR ONE AND ONLY STYLE

「髪を切る」ことで「女を上げる」ひとがいる。

20代はそれこそ男が選ぶ「彼女にしたいランキング」や「結婚したいランキング」に毎年名を連ねたような女優やモデルが、40歳近くなったあたりから潔く髪を切り始める。ゆるんとしたいい女風の髪をばさりといく。

眉毛が余裕で見える厚めの短い前髪であったり、潔く首筋を見せつけるショートであったり、強さをにじませる顎ラインのボブであったり。

年齢と共にやさしくなった顔や体や空気とその短い髪の清々しさが重なり、やけに色っぽく、凛々しくなる。いわゆる男ウケのいい髪ではないのに、妙に女っぷりのよさが漂うから、男たちをまたそこでうっとりさせたりする。

髪を切る。それは自信。

自分を知りつくし、飾りものなしでも「わたしは美しくいられる」という確信があるからできること。

モテるとかキレイに見えやすいとか、そんなことを超越して、自分を楽しむ域に入ったときに、「自分だけの髪型」というものを始めたくなるのかもしれない。

そこに見える自信に、羨ましさと憧れの思いを抱いてきた。

バッサリ髪を切ることとは、簡単なことじゃない。

だからこそ「自分を謳歌する」ことをスタイルで体現しているひとのかっこよさに、男も女も心奪われるのだと思う。

自信を手に入れることができた女だけができる特別な髪。わたしも今年に入り、このタイミングを実感している。

髪を切りたい。自分の髪を探したい。誰にどう思われることより、もっと自分に素直になりたい。みんなの「いいね」を期待するのではなく、好かれなくてもいいからもっと「自分らしさ」を表現したい。そんな力みが解けた自分を、今とても心地よく感じている。

素敵だなと記憶に残っているのは、安田成美さんの短い前髪。首筋で切られた短い髪の凛とした空気に短い前髪がチャーミングに重なり、衝撃を受けたのを覚えている。前髪と短い髪でいうならば、松嶋菜々子さんや高岡早紀さんもとても美しかった。最近では、30代後半の長谷川京子さんの、長い髪に眉がしっかり見える短い前髪のあそびのある女っぽさがぐっとくる。

石田ゆり子さんや永作博美さんの力の抜けたボブも、本人たちのピュアさをさらに引き立てていて、同じ女から見ても「可愛いすぎる」と思ってしまう。「大人のヌケ感」。そんなちょっとした個性と風通しのよさが、より大人をキレイに見せてくれるのだと思う。

もう一つ忘れずにいたいのは、髪型は「なりたい髪型」よりも、「似合う髪型」を選ぶのが重要だということ。いくつであっても同じだけれど、年齢を重ねるほどにその重要性は高まる気がする。

なぜなら、年齢を重ねるほどに、顔の形が変わっていくから。そして、髪の量や質感も変わり、似合う髪型が変わっていくから。

そういうものをふまえて「似合う髪型」を選択することが、大人の女が美しくいるためには必要なことなのだと感じている。

たとえば、髪が細くボリュームをなくしてペタンとしてしまうなら、レイヤーを入れたり、全体に短くしてふんわりさせたほうがいい。トップやサイドに適度なボリュームがあるだけで顔の形もキレイに見えるし、全身のバランスもよくなる。

もし、長い髪が好きだったとしても、なかなかキレイな髪が育ちにくくなって、毛先にいくにつれて細くなっていくように髪が痩せてしまったなら、キレイな状態を保てる長さで切るという決断も必要。

いつでも自分の手持ちのカードを考え、なくしたものを補うように調整することが大切になってくるのだと思う。

最近わたしが5センチ髪を切ったのも、毛先がスカスカになってしまったから。紫外線や加齢にストレス。髪の状態は日々変わっていく。

切るのはもったいないという気持ちもあったけれど、キレイではない髪はそれだけでわたしの印象を汚くする。

5センチ切っただけで髪はもちろん、全体の印象もつるんとした質感を取り戻すことができたのがうれしい。

わたしもそのうち前髪をぱつんと切るか、顎ボブを実現したい。

そのときはもっともっと自分を楽しめるような気がしている。

CHAPTER 4

BODY

柔らかな体を育てる

POLISHING YOUR NUDE BODY

裸美容をはじめたい

最近、自分の裸というものが気になるようになった。

今までも気にならなかったわけではないけれど、どちらかと言えば服を着た後の自分のほうが重要というか、「服を着て大丈夫ならよし」という思いのほうが強かったと思う。

でも今は断然、「裸」が美しくなりたい。

そう思うようになったのは、体が変わってきたことを実感していること、そして年齢のせいだと思う。

40代になり、50歳にむけて意識が変わった。

40代は、女としての大きな分かれ道。

いつまでも「女」でいるひとと、そうでないひと。

歳を重ねるほどに女という生き物はいつから「女」でなくなるのか、そうなったとき、わたしは何と呼ばれる生き物になっていくんだろう、という不安。

わたしは、やっぱりいつまでも「女」でいたい。

着たい服を着て、新しいコスメにときめき、臆することなく大好きなひとに触れてもらいたい。

これからの自分を思い描いたとき、もっと「自分の素」というものと向き合いたいと思った。

そして、着飾ることではなく、シンプルにキレイになりたいと思った。

いろいろな部分がゆるんできたのを見て、その思いに気がつくことができた。

裸がキレイ。これって最高の自信になると思う。

正直、ときどき自分の年齢というものが痛みを与えてくることがある。

若くて可愛い子にちょっとした嫉妬を感じることもある。きっとこれは女であるならば、みんながいつか経験する思い。

その「痛っ」から救ってくれるのが「今の自分」への自信だと思う。

この痛みは、まだ心が女である証。だからわたしはこの思いを自分からのサインだと思って大切にしたいなと感じている。

自分が女でいたいと願う限り、誰にどう思われようと、女でいる努力をしたい。

大人のバストは
「少し垂れるくらい」
がちょうどいい

BREASTS ARE JUST RIGHT WHEN THEY'RE BIT HUNG DOWN

不自然に寄って上がっているバストの違和感は、キレイの邪魔をする。とくに35歳を超えてそういう力みを目にすると、「もったいないな」と思ってしまう。

それより欲しいのは、ナチュラルな重みと柔らかさ。濃密さを感じる重量感、見ても触れてもふわんと柔らかい質感とボリューム。

ちょっぴり下がっているぐらいのほうがリアルな重さを感じるし、熟された柔らかな余裕も感じさせると思う。

たとえば海外のビーチで、ワイヤーに厚パッドでフル装備しているのは、ほぼ日本人。見るからに硬そうな胸は、女としての柔らかさが感じられないように思う。反対に、海外の女性はバストの見せ方が上手。無理に寄せたり上げたりしていないから、逆にリアルな質感が出て魅力的。

寄せて上げるバストは大人には必要なし。わたしは出産でちょっと柔らかくなって下がった今のバストのほうが気に入っているし、ハリやボリュームは育てつつも、大人のバストの見せ方をもう一度考え直そうと思った。

年齢や、出産と授乳で、どんなサイズでもバストはだんだんとハリをなくし、垂れてくる。デコルテのボリュームが落ちて胸全体が垂れていき、放っておくと外側に流れていくようになる。

バストが垂れる原因は、第一にホルモンバランスの変化と肌のハリがなくなること。乳腺、脂肪を支える肌のハリが低下し、妊娠などの急激な体重増加や激しい運動などの強い影響を受けると、支えきれずに垂れてしまう。バストには筋肉がないから、元に戻すことは難しい。

だから、ブラは毎日必須。わたしの友人は、走るときに両腕でバストが揺れないように意識しているとか。その成果もあって彼女のバストはとっても美しいまま。運動するときに過剰な負荷をかけないよう工夫することの大切さを教えてもらった。

妊娠・出産で体が変化するのは自然なことだし、仕方のないことでもある。ただ、妊娠中のオイルマッサージなどのケアで、ダメージを最小限に抑えることはできる。

次に、女性ホルモンのバランス。乳腺を発達させるエストロゲンが加齢やストレスによって減少すると、垂れるだけでなく、しぼんでしまうこともある。

規則正しい生活、十分な睡眠、栄養をとりながら、ときめくことも重要。恋をしたり、大好きなひとと触れ合うことで、眠っていた女性ホルモンを呼び起こしたり、エストロゲンに似た働きをする大豆イソフラボンなども意識的にとる。

スマホやPC作業でクセになりがちなねこ背と肩こりも、原因のひとつ。

姿勢の悪さは大胸筋付近の血行を悪くし、栄養や酸素が行き届くのを邪魔してしまう。顎を引いて重心を正し、背筋を伸ばして姿勢を美しく保つことで、ふっくらと美しいバストを守ることができる。

間違った下着の選び方やつけ方をしている場合も、バストの形や位置の変化につながる。体調や体重の変動、ストレスでもサイズや形が変わるので、体の変化を感じたときは、必ずフィッティングして、いつも自分に合ったサイズを正しくつけること。某下着メーカーによれば、女性の7割が自分のサイズを勘違いしているそう。

眠るときにもバストが流れないようナイトブラをつけることで、サイズや形、そして摩擦から肌を守り、きめ細かく透明感のあるバストを育てることができる。

また、服によってブラを変えるのも面白い。

タートルニットなどのピッタリとした服のときは、「がんばっている感」が出すぎないように、ノンワイヤーやプレーンな形のブラで丸みが出るように。

シャツやジャケットなど、マニッシュな服のときには、胸のふくらみの気配を感じられるように、デコルテが自然にふっくらするものに。

逆におしゃれに見せたいときには、胸元のあいたドレスでも、あえてボリュームを出さないようにするとおしゃれ感が出せる。大人の余裕を感じさせるステキな女性たちは、みなあえて胸元はボリュームを出さずにヌケ感を出している。

1日の終わりには全身浴をし、体を温めてから、バスト周りのマッサージをするのも大切。バストを支える土台部分は、鎖骨の下から脇の下に向かってリンパが流れるように押し流して、脇の下ももみほぐす。バスト自体のハリを保つには、専用のセラムを使って少し持ち上げるようにしながら、理想の形をつくるようにやさしくマッサージする。

バストは女の自信と関係の深いパーツ。バストが萎《しお》れたときのあの感覚。まるで、自分の中の女が消えていくようなみじめな気持ちになる。

だからこそ、必要以上に下垂したり形がくずれたりしないよう、いつでもキレイに服や水着を楽しんだり、パートナーの前でも裸になることができるよう、ケアはしっかりしていきたい。

大人は谷間をがんばらない

CERTAIN BAGGAGES THAT MAKES YOU LOOK RUGGED

女をゴツくさせる荷物がある

10代20代の頃から比べると、「ゴツくなったな」と自分を見て思う。どこかと言えば、顔、首、肩、腕、腰、お尻に脚。あげてみると、ほぼ全身。

なかでも、切実にそれを感じているのが顎、首から背中にかけてと肩と腕。硬くもりっと盛り上がっていたり、明らかに太さを増していたり。そこにたぷんとだらしない質感が加わり、言ってみれば「オバさんの質感」に近づいているように感じる。体重はそれほど変わっていないのに、なぜここまで体の風合いが変わっていくのか。

これは、年々積み重ねてきてしまった生活習慣が大きな要因。実はわたしたち女は、知らず知らずのうちに、毎日かなりの時間、体をたくましくするためのトレーニングをしてしまっているから。

たとえば、毎日持ち歩く荷物の多さ。仕事道具にポーチにお財布。たぶんそれだけでも測ってみると意外と重いはず。毎日この荷物を持ち歩くということは、ジムでのウエイトトレーニングと同じように筋トレをし続けているということ。

荷物だけではなく軽く思えるスマホを見ることも、首、肩、腕に、相当な負荷をかけ続けているし、スーパーの買い物袋も、PC作業も、車の運転も、子どもの抱っこも、数え上げればいくつも出る、知らないうちに女をたくましくする要因たち。

振り返ってみれば、昔から荷物が多かった。友人たちがわたしのカバンを持っては「何これ？　泊まりに行くの？」と驚いていた。

毎日運転もPC作業もしているので、首や肩、腕へのさらなる負担も実感しているし、3人の男の子を抱っこし続けてきた二の腕はまさに「かあちゃん」そのもの。

今になってやっと自分の体と向き合ったとき、この変化を痛感している。

まず改善したのは、重いものを持たないようにすること。

毎日の外出は必要最小限の荷物にし、持つときは左右のバランスが偏らないよう右手左手と交互に持つ。仕事以外では斜めがけの小さく軽いバッグかバックパック。お財布も小さめのものにして軽量化。スマホはテーブルに置きながら……と言いたいところだけど、なかなかそうもいかないので、姿勢を正し、肘をテーブルにつけて、二の腕や肩に負荷がかからないようにする。ネックレスも、首と肩に負担を感じるのでしない日をつくる。こんなふうに毎日「筋トレをしない」よう意識。

とくにいつも荷物を持つ左肩が上がっていることに気づいてからは、肩の力を抜いてストンと落とし、脇に意識をおいて肘を直角に曲げ、荷物をひっかけるように持っている。無意識に力が入ってしまわないよう気をつけることで、首もスッと長くなる。

そして1日のコリやハリは、その日にほぐす。コリやハリはそのままにしておくとかたまって太くなってしまうから、ほぐす効果のあるオイルを使い、軽くマッサージ。夜のお風呂上がりはもちろん、日中も数回行うようにしている。首を休ませるためにはタオルを丸めて首の下に入れ、仰向けに寝るといい。首から力が抜けるのを感じられると、自分がどれだけ首に力を入れていたかわかる。

そしてもう一つ。重いものを持ったり、ストレスを感じたときに、どうしても歯をくいしばってしまうひとの場合、奥歯をくいしばり続けてエラから首筋にかけて、張ってくることも少なくない。日中は大丈夫でも、寝ているときに無意識に歯をくいしばってしまうひともいる。

わたしも実は「くいしばり女」のひとり。毎日ストレスと闘って歯をくいしばり続けることで、いつのまにか「闘っている顔」になっている。日中も気がつくと奥歯をギュッと噛みしめているし、目覚めたときも噛みしめていた余韻を顎に感じる。

でも、ときどき突然主人に、「あれ、赤ちゃんみたいな可愛いい顔してどうしたの？」と言われることがある。こう言われる日は、決まって顔のコリをほぐしてもらいに行った日。コリをほぐすだけで顔から険が抜けて、赤ちゃんのような顔になるらしい。

エラが張るのを防ぐためにボトックスを入れる手もあるけれど、わたしは顔のほぐしで対応。そして、ときにはサロンでプロの手を借りる。

サロンなら、「ジュリーボーテ」の韓国骨気療法のコルギや、「ミッシィボーテ」のフェイシャルマッサージと、インディバという温め療法がおすすめ。キュッと顔をリフトアップしてくれる。

ちなみに、小顔効果を期待して40歳を超えてから歯列矯正で歯を抜いたり、親知らずを抜くのは危険。歯を抜いても肌は戻るハリを失っているから、たるみを促進することになってしまう。

コリをほぐし、荷物もスマートで軽やかな女は、いつまでもすらんとスマートな女でいられる。そんなことを思いながら、できるだけしなやかな体に戻れるよう、改善に取り組んでいる。

ウエストを
きゅんとする方法

HOW TO MAKE LOVELY CURVES

自分が太るなんて想像していなかった。

もしちょっと太ったとしても、いつものように1週間もあればするっと痩せる。中年太りなんて他人事。正直そう思っていた。

それが他人事ではなく、もれなく自分にも降りかかってくることだと気がついた42歳になる今、あれやこれやと試しては、そのあまりの効果のなさに悩まされている。

20代に比べると、明らかに全体がふっくら丸みを帯びた体。なかでも、ウエストから腰周りにかけての肉のつき方やフォルムの変化は深刻。今までは「太くなったな」と感じても、ちょっとの食事とマッサージでラクに戻ることができたし、少し絞りたいな、と思えば、ちょっとの努力でそうなれた。

けれど今、腰周りの肉がかなり手ごわい。固太りともいえるどしっとした肉の上に柔らかい脂肪がついて、出産で伸びた皮膚の中に溜まっている。ちょっときついボトムを履けば、ウエスト部分に脂肪という浮き輪ができる。

この、ちょっとやそっとじゃびくともしないもたつきをつまみながら、これが「年をとると痩せにくい」ということなんだな、と痛感している。

ウエストのくびれ。それはバスト、ヒップと並んで女を美しく見せる三大要素のひとつ。

女だけがもてるなめらかな曲線は、それだけで本当に美しい。服を着ていても、水着になっても、もちろん裸でも、そのくびれはどんな角度の佇まいも「女」にしてくれるものだと思う。

もう何年も昔、あるモデルが「このウエストのくびれがなければ、わたしはこうして水着になることはなかった」と断言していたのを今でも強烈に覚えている。どちらかといえば、全体に豊満なボディの彼女。それなのに、ウエストがキュッと絞られていて、同性でもうっとりしてしまうほどだった。

同じように、今までぽっちゃりだと思っていた友人がドレスを着替えているときに見えたウエストの曲線。彼女はぽっちゃりではなく、グラマーなんだと思えた。

ウエストの曲線というものは、それを挟んでいるバストとヒップをさらに際立たせ、女としての質をあげるものだと感じた。

もともとの骨格によっても、くびれが出やすいタイプと出にくいタイプというのがあるのは確か。けれど、加齢によって約80パーセントの女のウエストは肉を帯びて寸胴になっていく。何も手を打たずに放置していると、年々ベルトの穴の位置はズレていく。

誰に見せるわけでもないかもしれない。でも自分がそれを見る。鏡を見ながら憂鬱な気持ちになるより、自分の曲線を見てニンマリできるほうが楽しいはず。

だから今、ウエストのくびれをもう一度育てたい。そう思う。

腰周りに肉がつく原因は筋肉の衰え。加齢とともに筋肉量が減ることで代謝が悪くなり、脂肪が燃焼しにくくなってしまう。また、筋力の低下により脂肪を支えきれず、たるんとだらしのない肉のつき方になる。

加齢やストレスで女性ホルモンのバランスがくずれることも大きな原因。女性ホルモンは肌のハリやツヤを生み出したり、内臓脂肪をつきにくくしたり、バストの膨らみやウエストのくびれをつくったりと、女性のキレイをにぎっている重要な存在。そのホルモンバランスがくずれたり減少したりすることで、体つきが明らかに変化する。

今まで試した中で、効果を感じているのは、やはりマッサージ。正しいマッサージは筋力を高め、代謝を促し、結合組織の力を復活させることができる。

まずはくびれをつくると評判のサロン「ソリデンテ南青山」へ駆け込み、マッサージの方法を習得。月に何度か通いながら、家でもそのマッサージを行うことで、びくともしなかったウエストがだんだんとキュッとくびれはじめた。

必要なのはウエストを太くする腹筋ではなく、マッサージだったのだと実感。

そしてピラティスでは、筋膜リリースの方法を教えてもらい、インナーマッスルを鍛えながら姿勢を矯正。続けるうちに骨格や筋肉のバランスが整い、内臓の働きもアップするので、柔らかな曲線をつくりたいわたしにぴたりと合ってくれた。

こうしたウエストづくりのプロセスで間違えたくないのは、どんな手段を選ぶかということ。女性ホルモンが減少していくなかで激しい運動をすると、雄々しい体をつくってしまうことになる。

エクササイズをしたいなら、トレーナーは「首」と「ウエスト」を見て選ぶこと。太い首とウエストを持つトレーナーの場合、そのトレーニングは太い首とウエストをつくってしまうから、自分のなりたい体型に近いひとを選んだほうがいい。

そして、間違った食事制限も厳禁。もちろん代謝が下がる分、量や食べるものの調整は必要。けれど、極端に量を減らしたり、制限しすぎてしまうと、さらに筋力が衰え、太りやすくなる。わたしは質のいいタンパク質は必ず食べるようにし、炭水化物を控えるようにしている。

そしてもう一つ、意外にも効果を感じているのが、お腹をひっこめて、お尻の穴をキュッとしめた状態を、1日中できるだけ意識すること。地味だけれど、これが効果大。下がってきていた内臓も正しい位置に戻りやすくなるし、お腹の奥の筋肉に効いてくれる。

それと、ジャストサイズのウエストのボトムをはくことも大切。ゴムやローライズではなく、毎日ウエストをピッタリマークすることで、意識が変わってきているのを実感する。

もう少し余裕があるなら、腰回しとねじりを組み合わせる。お腹に力をいれたままの状態で足を肩幅に開き、膝を少し落とし、上半身は動かないようにして、ウエストだけを前後、左右に動かす。最後に右回り、左回りとゆっくり回して完了。

簡単そうでいて効果が実感できるように回すのは難しい。でも、これは地味に見えて効果抜群のおすすめケア。

ウエストのくびれをつくるマッサージ

全部しっかり力を
入れるのがポイント!

1

脇腹から流す

左脇腹からウエストに向かって、
斜めに押し流す。
ウエストを絞りたいときは、
ウエストだけをマッサージしても
細くならないので、
思っているより上の脇腹から、
筋肉の上を通るように押し流す。

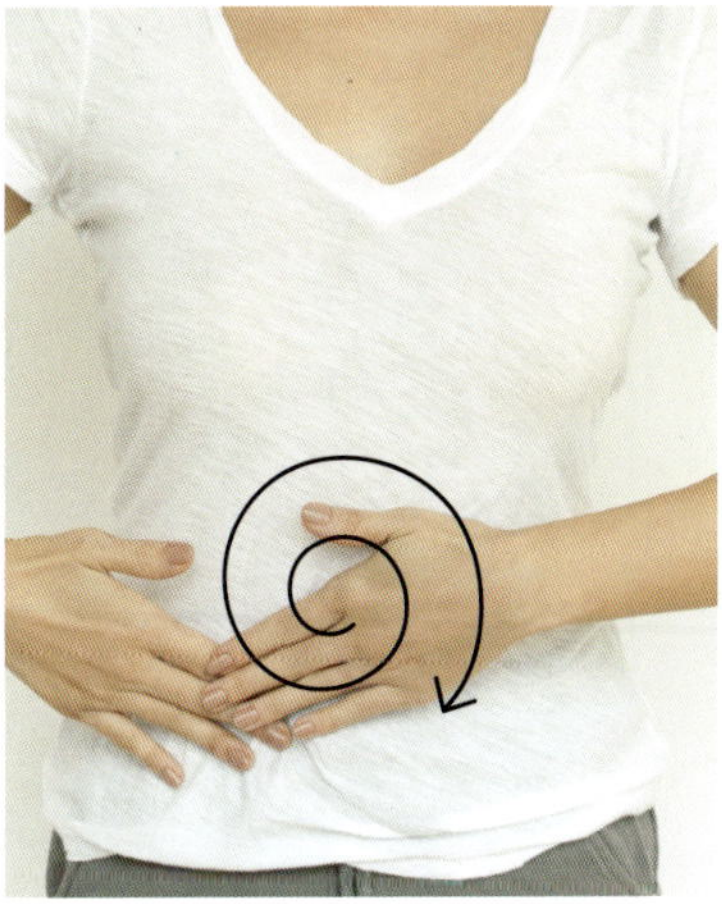

2

腸を正常な位置に戻す

おへそを中心に、
時計回りになるように、
力を入れてお腹の上を
マッサージする。

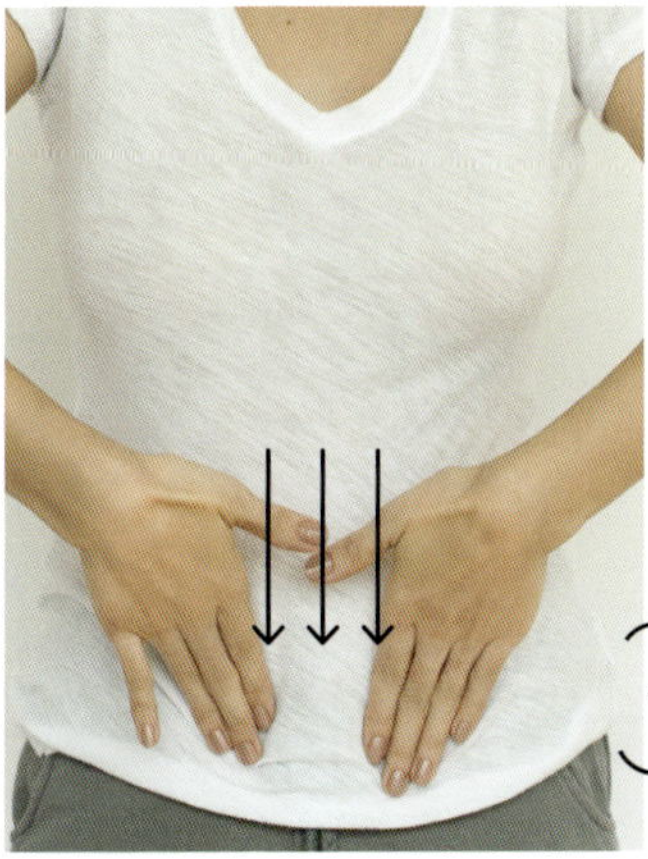

3

上から流す

みぞおちの下からおへその下まで、
強い力で押し流すことを繰り返す。
体が熱くなってきたら終わりの合図。

BACK EXERCIZES
TO CULTIVATE
YOUR SCAPULA

肩甲骨を掘り起こす

凛々しく浮き上がった肩甲骨には、いつも心を奪われる。放っておけば自然と埋もれていく場所だからこそ、自分と丁寧に向き合って生きているひとにしか手に入れることができないとわかる。だから、より惹かれる。ふだん見ている体の前面より深刻なのが、肩甲骨やお尻。体の背面は、前面に比べてプラス5歳のスピードで老けていくという。カリッと浮き上がっていた肩甲骨はいつのまにか肉に埋もれ、キュッと上がっていたヒップはだらんと垂れ、どこまでがお尻でどこからが脚かもわからないほど。背面は年齢や美醜を浮き彫りにする。

先日ミュージカルの「キャバレー」を観に行き、主演女優のキュッと浮き立つ肩甲骨の美しさにどっぷりと魅了された。すらりと長い脚、濃密なバスト、絞られたウエストをもつ完璧な体。でもそれらを大したことではないと感じさせてしまうくらいの背中の美しさ。とどめを刺された感覚だった。

背中の美しさは、たったそれだけで心を惹きつけ虜にさせる。

肩甲骨が埋もれると、背中の美しさが損なわれるだけではなく、腰痛や肩こり、O脚などの脚のゆがみをもたらすうえ、お腹が出てきたり、バストが垂れたり、顔がむくむなどの不具合を全身に生じさせる。

では、どうやって埋もれた肩甲骨を掘り起こし、見た目も機能性も引き上げていけばいいのか。肩甲骨の埋もれる原因は大きくわけて二つ。

一つは加齢による筋力の衰え。筋力が衰えることで、たるみやムダな脂肪が増えていく。1日に数回、肩が上がらないよう意識しながら肩甲骨を首からできるだけ離すように大きく動かしながら腕をまわしたり、背中の中心で左右の肩甲骨をくっつけるようにぎゅーっと寄せる動きを、背中がぽかぽかと温まるまで繰り返すことを習慣にするだけでも、めぐりがよくなって、すっきりとしたラインが出てくる。

もちろん姿勢の悪さも大きな要因。ねこ背や巻き肩は背中をゆがませ、血行を悪くし、筋肉やコリや脂肪を蓄積させてしまう。

長時間のデスクワークをしているときは、あいまで立ったり歩いたりと、軽い動きを加えるよう意識している。歩くときや立っているとき、座っているとき、すべてにおいて姿勢を正すことを意識するだけでも、背中のラインが美しくなる。気づいたときに、首と肩を離すようにストレッチするのも効果的。片方ずつ頭を傾け、手で頭と肩を離すよう引っ張る。

巻き肩を正しい位置に戻すことで、背中はもちろん二の腕も細くなる。肩の正しい位置は、32ページに紹介した通り、壁に沿って立つとわかる。多くのひとが思っているよりずっと肩が前に巻き込まれていたのを実感すると思う。

なんでもない日常のなかで、わたしたちは知らぬ間にのっぺりむっくりとした背中を育てている。それを改善していくだけでも、1週間、2週間先の背中は変わっているはず。

もう一つ、最近始めたことがある。

それは、テニスボールを壁と背中の間にはさんで、背中をほぐすというもの。

自分では届かない肩甲骨と背骨の間にボールが入り込むように動かすといい。少し腰をおとして体重をかけながら、小さい円を描くように体を回すと、体が温まってくる。これを始めてから、少しずつ背中のラインが変わってきたのを実感している。

大きなパンツ
はじめました

START WEARING BIG UNDER WEARS

うっとりするようなランジェリーが好き。

ランジェリーは女心を満たしてくれるもの。あきらめるなんてできない。

だから、あきらめるんじゃなくて、うっとりさせてくれるランジェリーは楽しみつつ、適度な頻度で育尻ショーツを投入することにした。

育尻ショーツとわたしが呼んでいるのは、お尻全体からウエストまできっちり入るサイズ感とデザインのもので、冷えを予防しながらお尻をしっかりホールドしてくれるもの。締めつけ感もないので、血行が悪くなることもない。むしろ、はくだけで遠赤外線がお尻を温めてくれる。こうした機能性をもつものと、見るだけで女であることを実感できるもの、今は両方をシーン別で使い分けるようにしている。

簡単にスッキリしたシルエットが欲しいからといって、ライン矯正するだけのきつい補正下着はやめたほうがいい。きつく締めつけて血行が悪くなると、むくんだり、後々セルライトをつくる原因になってしまう。一時的に締めつけてシルエットを整えるのではなく、自分自身のシルエットがキレイになるように目指したい。

だから、毎日ハイヒールを履くのもやめた。

なによりヒールが好きだった。あのうっとりするような曲線にカツンカツンという音色、履いただけで世界が違って見えるあの高揚感。

でも、5センチ以上の高いヒールを履くと、膝を曲げた状態で歩いてしまうことになりやすい。間違った歩き方は、お尻の筋肉である大臀筋を弱めることにつながる。そして、骨盤をゆがませたり、出っ腹、ねこ背になりやすくしてしまう。

未来の自分を思えば、大切なのは体そのもの。40代になってからは、毎日履いていたヒールを週3、4回にし、フラットシューズやスニーカーも楽しむことにしている。

そして、毎晩裸足でしっかりかかとを床につけ、土踏まずを浮かして床を吸い上げるようなイメージで立つ時間をつくっている。これは正しい姿勢を確認できると同時にお尻と内ももにキュッと力が入り、ヒップアップ効果につながる。

垂れて流れていくヒップも、肩甲骨と同じく筋肉の衰えと加齢、そして骨盤のゆがみが原因。筋肉が衰えると、脂肪がずるりと落ちてヒップが垂れる。ヒップの垂れは、わかりやすく3ステップを踏みながら進行していく。

若い頃は、横から見てもキュッと上がったままあるい立体感をもっていて、後ろから見ても脚とヒップの境目は鮮明。でも、最初はヒップの下底から垂れ始め、立体感がなだらかになっていく。

次に、ヒップと腰の境目とサイドのラインがなだらかになると同時に、ヒップ全体がさらに下にずり落ちる。ここまで進行すると、丸かったヒップは四角に変化。最後は両サイドの関節付近の肉が削げたように下がって凹み、その部分にあった脂肪が中心へと流れる。

こうやってできあがったサイドのくぼみと縦に長くなった平らなヒップが「おばさんのお尻」。今までと同じ服を着てもなんだか似合わなくなったと感じたなら、この垂れ尻が出す、やぼったいラインが原因かもしれない。脚が短くなったなと感じるのも、気のせいではない。お尻が脚となじんで下に流れていくことで、脚はかなり短く見える。

このお尻は、ちょっと走っただけでもぶるんぶるんとイヤな揺れ方をするようになる。その揺れがさらにたるみを加速させるという恐ろしいスパイラル。こうなる前に、お尻を揺らさないよう、お尻をすっぽり包むガードルで予防したい。

片方の靴ばかりがすり減ったり、顔や体の左右のバランスが違う。

腰が前に反っていたり、ねこ背だったりと姿勢が悪い。

脚を組まないと座りにくい。

仰向けに寝転がったとき、左右の脚の開き方や長さが違う。

ウエストのくびれが見えなかったり、左右でくびれ方が違う。

下半身が太りやすく、痩せにくい。

O脚かX脚。

顎が出ている。

このどれかに当てはまるひとは、骨盤がゆがんでいる可能性がある。

これを改善するには、骨盤矯正へ通うのが一番。でも、太ももの裏が伸びるのを感じながら大股で歩くようにしたり、座るときには坐骨を立て、上半身をバランスよくその上に乗せるように意識することも重要。

わたしが垂れ尻改善のために始めたことは、マッサージと運動。強化しているのは、太ももの骨から骨盤までついている中殿筋という筋肉。この筋肉が弱いと、体のバランスが崩れて、お尻はどんどん下がってしまう。そのため、ピラティスではココを重点的に。

他にも、お尻を支えている大臀筋をほぐすよう力を入れてマッサージをして、日常に取り入れられるエクササイズと組み合わせる。わたしの場合は、ピラティスでならったヒップアップエクササイズを習慣に。

マッサージやエクササイズが大変という場合には、正座してテニスボールをお尻と足の間に挟むというやり方も強力。

膝の裏側にボールを挟んで、体重をかけながら徐々にお尻のほうにずらしていく。普段つかっていない場所ほど痛い。けれど、むくみがスッキリととれて、お尻のラインが少しずつハッキリしてくる。

動かし方次第で体はまだまだ変わる。

とくにここ数年はお尻に興味津々。インスタグラムで美しいヒップの画像を見ながら、「よしっ」という気持ちを高めている。

今年はどうにかオバ尻から脱出する予定。

見えないところから
自信をもらう

BEAUTY COMES FROM WHERE THEY DON'T SHOW

実は40歳の頃から永久脱毛を再開した。なんで今さら？　そう思うひとも多いと思う。けれど、今まではそれほど気にならなかった部分が気になり始めた。それが、「リセットしたい」という感覚が押し寄せる40歳という年齢のもつ不思議なのだと思う。

まず始めたのは、「WOVEクリニック中目黒」でのVIOライン、そして指や背中。VIOはずっと始めたかった部分。けれど通いつづけるタイミングとクリニック選びに迷っているうちに、ここまできてしまった。それでも「やっぱり通おう！」と背中を押されたのは、脱毛にはタイムリミットがあるという事実。永久脱毛のレーザーは白髪には反応しない。近年は白髪も脱毛できるマシーンが誕生したけれど、より痛みが伴うと知り、まだアンダーヘアに白いものが生えていない今、できるだけ早めに施術してしまいたいと思ったから。

VIOには、やはりムダ毛はないほうが美しい。それに、剃ったり抜いたりと自己処理を繰り返していると、肌が黒ずみ毛穴がブツブツと目立ち始める。

それに、デリケートゾーンも同じ肌。くすみやたるみといった老化現象がもれなく起こる。そのためのデリケートゾーン用のホワイトニングやエイジングの美容液も、ムダ毛がないほうがケアしやすく、なおかつ透明感が生まれやすい。

そしてわたしが決断したもうひとつの理由が老後問題。

老後、もしかしてオムツを誰かに取り替えてもらうとする。老後でなくても事故や病気でその状況になったとき、やはり清潔でいたいし、そのほうが介護してくださる方もラクだろうという思い。この部分においては、美しさだけではなく、清潔感やこれからの自分の老後計画のひとつでもあるなと思う。

実際、このゾーンの脱毛は時間がかかる。毛がしっかりしているぶん痛みもあるし、回数も必要。けれどそれに代えられぬ爽快感と透明感を実感している。

指の毛は最近気になり始めた部分。手の老化によるくすみやシワが目立つようになった指に毛穴が見えると、よりくすみ、シワの目立つ印象になる。

素敵なリングをつけるたび、名刺交換をするたびに、この透明感の邪魔をするムダ毛が気になってしょうがなくなった。

指にムダ毛がなくなるだけで、手の透明感は面白いほどに上がる。ぷつっとした毛穴もなくなるので、なめらかさも手に入る。これは足の指も同じこと。長年体を支えてきたことで、くすみを増した足の指にも透明感が出せる。

手のケアには限界があると感じていたけれど、脱毛、マッサージ、保湿、そして手を白く見せるネイルがあれば、こんなにもキレイになれるのだと感動している。

顔はキレイにしているのに手がやつれていたらどうだろう。頬杖をついたとき、カップやグラスを口元に運ぶとき、ルージュをひくとき、そのギャップはきっと美しさも女心も萎えさせてしまうと思う。

「頭でっかちなキレイ」ではなく、「総合的にキレイ」が理想。

背中もくすみを感じはじめたので、透明感を上げる効果も期待して脱毛を始めた。「背中がキレイになれる」という期待は、わたしをときめかせてくれる。

わたしが選んだのは細い毛までしっかり脱毛することができるクリニックでの脱毛。信頼できるドクターにカウンセリングをしてもらい、安全で効果的な脱毛を受けている。

脱毛と並行して、ずっと気になっていた背中の大きなシミもとる予定。背中やボディの大きなシミは、体をどんより老けさせて清潔感を奪ってしまう。

顔と同じく、紫外線が強くなる時期を避け、10月から4月までの間にシミをとる施術を受けようと計画している。

そして、もうひとつケアしておきたいのがボディの黒ずみ。ランジェリーの締めつけや摩擦、間違ったムダ毛処理でくすんだ部分は、スクラブや角質ケアコスメ、そしてボディ用のホワイトニングコスメでケア。肘、膝、かかとに加え、脇、ショーツの跡やブラの跡、お尻と脚の境目など、気になる部分は案外多い。この部分がキレイになるだけで、体を取り巻く空気も透明感を増す。

わたしは湯船にゆっくりつかって肌を柔らかくした後、週2回はスクラブをかけて、角質ケアのボディジェルとボディホワイトニングセラムを塗っている。クリニックの先生の話では、それでも難しい脇の黒ずみやシワは、クリニックでのレーザー治療が効果的とのこと。ボディの脱毛を再開して第一に感じたのは、「まだまだわたし、キレイになれるんだ」という自信。

目に見えて変わっていく自分を見ることで、そんなワクワクが湧いてくる。40代になった今でも、キレイになれる余白はたくさん残っているんだと実感できる。

もちろん、ひとの目からもキレイだと思われたら嬉しいけれど、見えない部分がキレイ、細かい部分までキレイというのは、こんなにも自信といい予感をくれるものなんだと感じている。

NO MORE SCENT TOO SWEET

「重い女」をつくる香り

ここ数年、心惹かれる香りが変わってきた。これまでは、ぬくもりのある色気を感じさせるような、ほのりと重みのある女っぽい香りを好んでまとっていた。けれど、今選ぶのはもっと軽やかでみずみずしいもの。

そのときそのときで「いい香り」と感じるものは、「自分に足りないもの」や「欲しているもの」だというけれど、まさにそう。

以前は女っぽい温もりを自分の中に取り込みたくて、そんな香りに惹かれていた。でもそれを育てることができた今欲しいのは、みずみずしい爽やかな香り。

体、声、表情、心、すべてが時間とともに熟成されて、女としての重みをもってしまった今、さらに女の香りをまとってしまうのは重すぎる。それは自分にも周りにも、少しばかりもたれるようなくどさを感じさせてしまう。

香りは自分の分身であり、自分への暗示であり、そこにいなくてもずっと残る存在感のようなもの。

今選ぶ香りは、グレープフルーツやジンジャーの香りがほとんど。透明な清涼感があり、心地よくやさしい包容力を感じる香り。

フレグランスの日もあるけれど、ロールオンタイプのアロマやボディクリーム、ボディオイルで体にとけ込ませるのもいい。その軽やかさと体温が混じって、フレッシュだけれど女らしいという、なんともいい具合に香りがたつ。

女のタイプで表現するならば、ディテールはいい女、中身は凛々しく、空気はまろやか。そんないいとこどりの香り。

香りは無条件に第三者の領域に入り込むものでもあるからこそ、くどい女、重い女だと思われないよう、大人になったら甘すぎる香りは選ばないほうがいい。甘さには重みがある。

あるデータで、甘い香りと爽やかな柑橘系の香りをつけて「印象体重」のアンケートをとったところ、同じひとなのに、甘い香りのほうが重く見えるという結果がでた。そしてそれは体重だけではない。今までたくさんの女性たちに関わってきて思うのは、香りは内面にも影響しているということ。

甘い香りをまとっているひとは、きっと内面も甘く重いのだろうと思わせるし、爽やかな香りをまとっているひとは、さらさらと軽やかなのだろうと想像させるし、事実そうであることが多い。

たとえ外見をピリッと辛めに仕上げても、甘い香りを重ねてしまっては、「実はこんなひとなのだろう」と印象が引っ張られてしまう。

本来女は甘みをもった生き物。その自分自身より甘い香りや重い香りをまとってしまっては、せっかくふわりと自身から湧き出ている色香を閉じ込めてしまう。「しつこく重ったらしい女」という印象を持たれてしまうこともある。だからこそ、内面が密になっていくほどに、まとう香りの重量を調整したほうがいい。軽く爽やかな香りは、大人の可愛げや色気をナチュラルにひきたててくれる。

以前から、嬉しいことに「いい匂いがする」と言ってもらうことは多かった。でも最近はより一層、そう言ってもらえることが増えてきた。

それも男性だけにではなく、女性にそう言ってもらえることがとても嬉しい。先日も初めてご一緒させていただいたライターさんに「神崎さんはいい匂いがすると聞いていたのですが、本当にいい匂いがして。でもフレグランスではない香りですが、なんの香りですか」と聞かれた。

そのときつけていたのは、香りがほのかに続くヘアオイル。フレグランスのような存在感ではなく、「何かわからないけれどいい匂い」というのがいい。

そのさりげなさも、今のわたしにちょうどしっくりきていると思う。

1　2　3　4　5　6

Items _ 心地いい女になる香り

1 肌ざわりも心ざわりもいい女に

お風呂であがる直前に塗り込めば、肌にするりとなじんでベッドまで心地良い香りにしてくれるボディオイル。私物／シュガー

2 旅にでたような開放感ある香り

オフィスや外出先で手軽にアロマが楽しめる。アロマパルス トラベル 9ml ¥1,600／ニールズヤード レメディーズ

3 さりげなく、でも確実に香る

サラッとした質感でキューティクルを整える。イイスタンダードヘアオイル　50ml ¥2,800／サンテック

4 「いい匂いだね」と必ず言われる

顔、体、ヘア、全身に使える潤いのオイル。柑橘系の香りが爽やか。カリタ14 100ml ¥10,000／カリタ

5 そばによりたくなる香り

全身どこでも使えて強すぎない香り。わたしはこっそり耳裏に仕込む。shiro イングリッシュガーデン練り香水 ¥4,000／ローレル

6 大人でもモテちゃう！

爽やかなジンジャーの香りでリフレッシュできるボディクリームは旅行のお土産。私物／オリジンズ

女は40で
声変わりする

WOMEN'S VOICES
CHANGES AROUND 40

風邪や徹夜で声がガラガラに枯れ、自分がまるで別人になったようなとき、あのときの居心地の悪さ。声のザラつきは気持ちもザラつかせ、肌や存在そのものの印象もザラッと粗いものにしてしまう。加えて、男っぽく大雑把なひとなのかもしれないという印象を与える。

声の大切さを知っているからこそ、その声で初めての方にお会いしなければならない日は、どう第一印象を挽回しようかと考える。

髪、顔、肌、体つき、表情、仕草、服、メイク、小物。ひとというものはいろいろな要素が組み合わされて、印象を形づくる。

声は、それを最終的に決定づけるくらい、印象に作用するもの。

今までたくさんの女性にお会いしてきたけれど、そのなかでも、いつまでも心に残り続けていたり、想定外に大好きになってしまうひとの共通点は、声。

声になめらかさとツヤがあるひとは、容姿も内面もなめらかでツヤのあるひとだと感じさせる。そのひとの暮らす部屋や、生活や、生き方、ひとの愛し方まで、すべてが美しいものに感じられるほど。

歌手の声を聞いていてもそう。どれだけ歌がうまいとしても、声のよさにはかなわない。心に響く声というものがあって、その声はどこまでも心に入り込んで響き、わたしたちの心に触れてくる。「あのひとの声が好き」という感覚は、香りのように本能に響いてくるものなんだと思う。

でも、声も、やはり女性ホルモンが減少し始める30代後半くらいからツヤをなくし始める。ピアノの鍵盤の位置が徐々に下がっていくように低く太くなり、ザラつきや乾きを含むようになる。

電話でひととやりとりをすると、声から「だいたいこれくらいの年齢だろうな」とわたしたちは無意識に判断するけれど、それは、声が年齢を表しているから。声ももれることなく老化する。そしてその声がひとを本当に老けて見せる。

声は肌と似ている。そのひとの内面や生き様を感じさせるし、ひとの印象を変えるような影響力をもつものだからこそ、いつまでもやさしくまろやかで、ツヤっぽいものでありたいと思う。

もし肌や髪から潤いがなくなってしまっても、声に潤いがあれば、それをカバーし、挽回してくれるくらいの力があると信じているからこそ、なおそう思う。

声の老化の原因は、加齢によって声帯の潤いが減少することや、女性ホルモンが減少することで声帯が太くなること。そして声帯の周りの筋力が低下し、ゆるんでなめらかに振動しなくなることと、長年使ってきた声帯に小さな傷などがついて、声に雑音が入ること。

潤いのあるつややかな声でいるために意識したいのは、まずなんといっても保湿。肌と同じように声帯が乾燥すると声がかすれ、声帯自体も傷がつきやすくなる。加湿器を常備したり、水分をこまめにとるよう意識したい。

激辛の料理やタバコなど、声帯を刺激したり、腫れを引き起こすようなものは控えるというのも大切。とくにタバコは声帯が腫れるので、声の質はもちろん、声が出にくくなる原因にもなる。

そしてできるだけたくさん話すこと。声を使わないということは、歩かないと足が衰えていくように声帯も弱って衰える。歌ったり話したり、積極的に楽しく声を使うことで、声帯もヘルシーでいることができる。

反対に、怒鳴ったりイラついたりしている声は、声帯をザラつかせるので要注意。いつも怒っているひとや、ひとの悪口ばかり言っているひとは、自分で自分の潤いを枯らしているようなもの。加齢を促進していることになる。

わたしがたるみ防止のためにしている首と上半身にかけてのマッサージ（35ページ）は、実は声のためでもある。

声帯を包む首には、筋肉が存在する。その筋肉は、張ったりかたまったり、老化することで声帯を圧迫し、声からツヤを奪ってしまう。

このマッサージをするようになってから、声の調子もよく、おまけに首周りがすっきり。フェイスラインと首の境もはっきりし、鎖骨もくっきりしてきたのを実感している。

マッサージと合わせ、ホットピローやネックウォーマーでのどを温めるというのも声に温もりが出るので、声にツヤを出したいひとはぜひ試してほしい。

BELITTLING YOURSELF IS BAD
FOR YOUR BEAUTY

「卑下する女」は ブスになる

37歳くらいから、心のオバ化というのを感じるようになった。40歳になってからは、それも板についてきてしまった感じがする。

たとえば、自分よりずっと年齢が下のヘアさんやメイクさんについていただいたりすると、「ごめんね、こんなおばさんで、申し訳ないわ」なんて思ってしまう。女でも男でも、年下のひとたちと話すときには、自分をまずオバポジションに配置して、傷つかない居場所を確保したりするときがある。

「若いっていいねー」「ぴちぴちしてうらやましいわあ」「息子みたいだわ」とか。本心で思っていることではあるのだけれど、それをまず防御として言い「大丈夫だよ、わたしは自分で自分の年齢をちゃんと理解しているし、勘違いもしてないからね」と見えないメッセージを送ってみたりする自分がいる。

パートナーへもときどきそんな思いがよぎったりもする。「もっと若くて可愛い子といくらでも結婚できただろうに、ごめんね」と気持ち悪いくらいのネガティブさが出てくるときがある。

自分の年齢にビビる。

これは女がだんだん重ねていく年齢を実感したときの素直な気持ちだと思う。

そして、その不安や怖さが、表情にも伝染する。そういう女性をたくさん見てきたし、自分でもそれを感じるときがある。

この表情のオバ化は、女の可愛げを削いでしまう。

表情とは、女という生き物の可愛げの上位にくるもの。美味しい、嬉しい、悲しい、楽しい……数え切れないほどある感情とともにある表情は、女の素直さの証。ぽんっぽんっと瞬発力があり、コロコロと面白く変わる顔は、男女関係なく生き物としての最強の魅力。これがよじれてくるというか、こじれてくる。

きっと素直に可愛らしく「美味しい！」とか「嬉しい！」とか、ぱんっとしたハリのある表現をするのを、自分自身で「気持ち悪っ」と思うから出なくなる。「こんな年してまで気持ち悪っ」て。

でも一方で、「素直でいたい」という思いもあるから、ねじれが生じる。口元がゆがんだり、顎がしゃくれたり、表情がゆがんでくる。これが実におばさんぽい。

そしてこの表情のゆがみというものは、たるみはじめたフェイスラインや二重顎、縦のシワというものを、さらに際立たせる「オバ見えの相乗効果」。

だからこそ、女は心をオバ化しちゃいけないし、表情だって臆することも遠慮することもなく、ぱんっとしたメリハリのあるフレッシュなもので出したい。

年を重ねることは、悪いことでも恥ずかしいことでもない。

自分で自分をおばさんにするなんてもったいない。

お嬢さんとかお姉さんとか、おばさんとかばばあとか、そんな区切りはどうでもいい。

ただわたしたちはいつだって、そのときそのとき、いちばんキレイな自分でいたいだけ。

だから、年齢にビビることなく、自分を卑下することなく、今の自分を楽しみ続けたものが美しい。そう思う。

Epilogue

おわりに

2年目の結婚記念日。
42歳を迎えるわたしが選んだ
2着のウエディングドレス。
何着も試着をした中で恋に落ちたのは、
100年前のレースで
つくられたものでした。
生まれたての純白ではなく、
いろいろな思いを織り込んだような
おだやかな色をしたドレス。
触れた瞬間「なんて美しいんだろう」
と心が震えた。

もちろん、まっさらな白には
勢いのある美しさと
眩しさがある。けれど、
それよりもずっとやさしく
温かみのあるこのドレスを
「美しい」と思えた。今のわたしが
探していた美しさだと感じた。
新しいものだけ、まっさらなものだけが
美しさではない。時間を重ねることで
生まれ始める美しさが確実にある。

進んでいく自分の年齢。
みな平等に重ねるものだと
理解していても、
戸惑い不安になることがある。
通り越してしまった若さに
切なさを感じるときもある。
でも美しさはひとつじゃない。
重ねたり、深めたり、温めたり。
時間と心がかけられた美しさ。
わたしは、
そんな「美しさ」を手に入れたい。

Epilogue

無理して漂白するのではなく、
変化していく色を楽しむ。
「今のわたし、ちょっといいかも」
そんな思いを感じながら、
一緒に歳を重ねることができたら、
こんなにも心強く楽しいことはないと
感じています。

最後に、支えてくださる読者のみなさま、
スタッフのみなさま。
心よりありがとうございます。
そして、いつだって涙がでるほど温かい
両親、息子たち、主人に愛を込めて。

Shop List

RMK Division	0120-988-271
SK-Ⅱ	0120-021325
W and P(アッカカッパ)	03-6416-9790
アヴィナス(ミネコラ)	0120-981-344
アマータ	03-3406-1700
アラミック(ローランド)	072-728-5150
アルビオン	0120-114-225
アルファネット	03-6427-8177
イヴ・サンローラン・ボーテ	03-6911-8563
エスティ ローダー	03-5251-3386
エトヴォス	0120-0477-80
エレガンス コスメティックス	0120-766-995
エンビロン・コールセンター(プロティア・ジャパン)	0120-085-048
オズ・インターナショナル(メイソンピアソン)	0570-00-2648
カネボウ化粧品(ルナソル・キッカ)	0120-518-520
カリタ	0120-006-336
クラランス	03-3470-8545
クリニークお客様相談室	03-5251-3541
コスメデコルテ	0120-763-325
サンテックお客様コールセンター(イイスタンダード)	03-5787-7588
シスレージャパン	03-5771-6217
資生堂インターナショナル	0120-81-4710
資生堂プロフェッショナル	0120-81-4710
スック	0120-988-761
スリー	0120-898-003
セレンディプス(オーガニックファーマシー)	0120-874-177
タカミお客さま相談室	0120-291-714
ドゥ・ラ・メール	03-5251-3541
ドクターケイ	0120-68-1217
トム フォード ビューティ	03-5251-3541
ナーズジャパン	0120-356-686
ニールズヤード レメディーズ	0120-554-565
バイオプログラミング	0120-710-971
バーバリーお客さま窓口(化粧品)	0120-77-1141
ハホニコ	0120-76-8025
パルファム ジバンシイ[LVMHフレグランスブランズ]	03-3264-3941
パルファン・クリスチャン・ディオール	03-3239-0618
ベキュアお客様相談室	0120-941-554
ヘレナ ルビンスタイン	03-6911-8287
ボビイ ブラウン	03-5251-3485
ポーラ　お客さま相談室	0120-117111
ラ ロッシュ ポゼ	03-6911-8572
ランコム	03-6911-8151
ロート製薬エピステームコール	03-5442-6008
ローレル(shiro)	0120-275-606
衣装協力(p70, p166〜167, p194):NINE LUCUA大阪	06-6151-1150

＊掲載商品は2017年3月のものです。

Staff

PHOTO	三瓶康友(カバー、人物) 片桐圭(静物) 中村和孝(p232〜237)
BOOK DESIGN	吉田憲司(TSUMASAKI)
HAIR	津村佳奈(Un ami)
MANAGEMENT	伊藤達哉(株式会社ケイダッシュ)
EXCECTIVE PRODUCER	谷口元一(株式会社ケイダッシュ)
SPECIAL THANKS	浜本亮

この本の誕生に愛を注いでくださったみなさま。
そして編集の臼井さん、なおちゃん、大好きです。
ありがとうございました!

神崎 恵

美容家。何気ない日常から特別な瞬間まで、あらゆるシーンでの女性の美しさを叶える提案を行うべく、雑誌の連載や書籍の執筆、メイクやライフスタイルを提案するアトリエ「mnuit」を主宰。ビューティアイテムプロデュースなどを行う。著作の累計部数は100万部を突破。プライベートでは3人の息子を持つ母でもある。

大人《おとな》のための美容本《びようぼん》

10年後《ねんご》も自分《じぶん》の顔《かお》を好《す》きでいるために

2017年5月 1 日　第1刷発行
2017年5月25日　第3刷発行

著　者　神崎 恵《かんざきめぐみ》
発行者　佐藤 靖
発行所　大和《だいわ》書房
東京都文京区関口1-33-4
電話　03-3203-4511
本文印刷所　歩プロセス
カバー印刷所　歩プロセス
製本所　ナショナル製本

ISBN978-4-479-78382-4